Anke Schöps

KLEINE FÜẞE, GROẞE ABENTEUER

Unvergessliche Wanderungen für Familien

Gemeinsam am Niederrhein unterwegs

aktiv
KLARTEXT

Bildnachweis
Adobe Stock: ©mitifoto S. 17;
©Ralf S. 36;
Alle anderen Fotos stammen
von Anke Schöps

Die Lösungen zu
den Rätselseiten
findet ihr hier:

Bibliografische Information der Deutschen Nationalbibliothek
Die Deutsche Nationalbibliothek verzeichnet diese Publikation in der Deutschen Nationalbibliografie; detaillierte bibliografische Daten sind im Internet über portal.dnb.de abrufbar.

Impressum
1. Auflage Oktober 2024
Layout und Satz: Joachim Bartels
Illustrationen: Meike Hamann
Kartenerstellung: Leon Thomes
Karten: Die Karten wurden mit Daten von OpenStreetMap erstellt (www.openstreetmap.org).
Umschlaggestaltung: Joachim Bartels
Druck und Bindung: AALEXX Druck Produktion,
Thönser Str. 5a, 30938 Großburgwedel

ISBN 978-3-8375-2655-4

KLARTEXT

Jakob Funke Medien Beteiligungs GmbH & Co. KG
Jakob-Funke-Platz 1, 45127 Essen
info.klartext@funkemedien.de
www.klartext-verlag.de

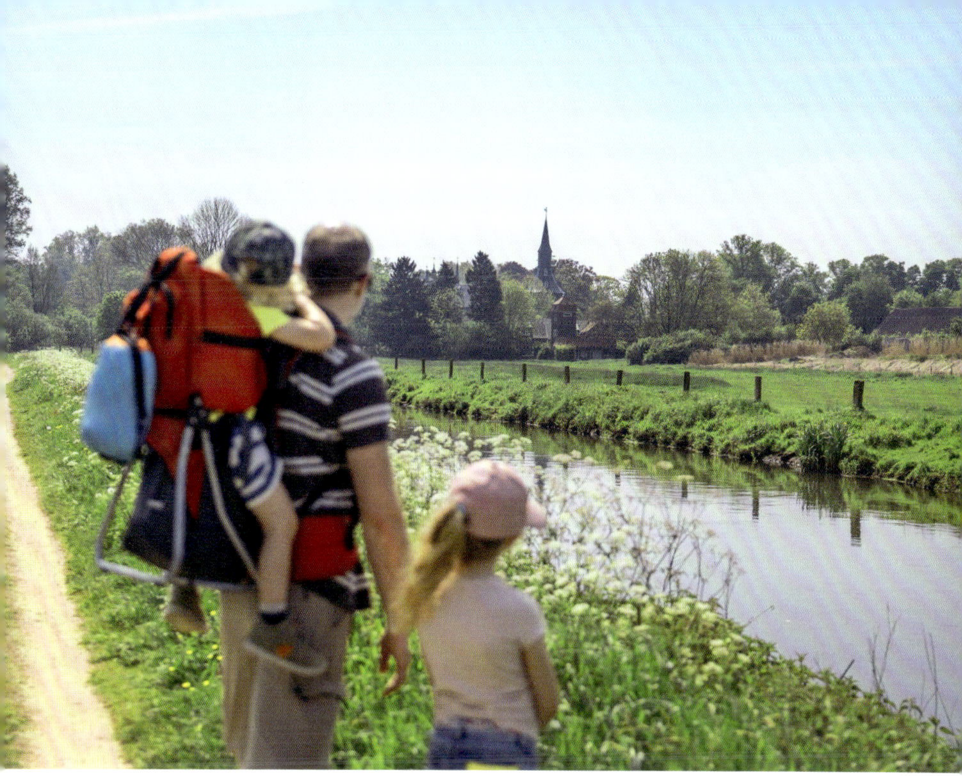

Zeichenerklärung

- Sonniges Wetter
- Regen
- Windiges Wetter
- Gehzeit
- Streckenlänge
- Höhenmeter
- Startpunkt
- Zielpunkt
- Haltestelle
- Parkplatz
- Spiel & Spaß
- Aussichtspunkt
- Gastronomie
- Naturerlebnis
- Burgen/ Schlösser/ Historische Orte
- Wassererlebnis
- Kinderwagen-freundlich
- Öffentliche Toilette/WC
- Barrierefrei

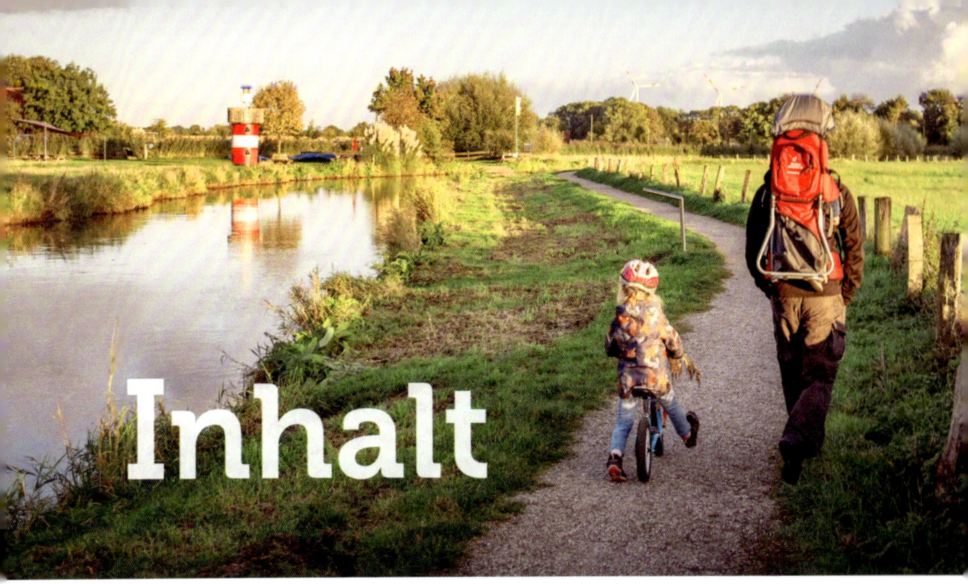

Inhalt

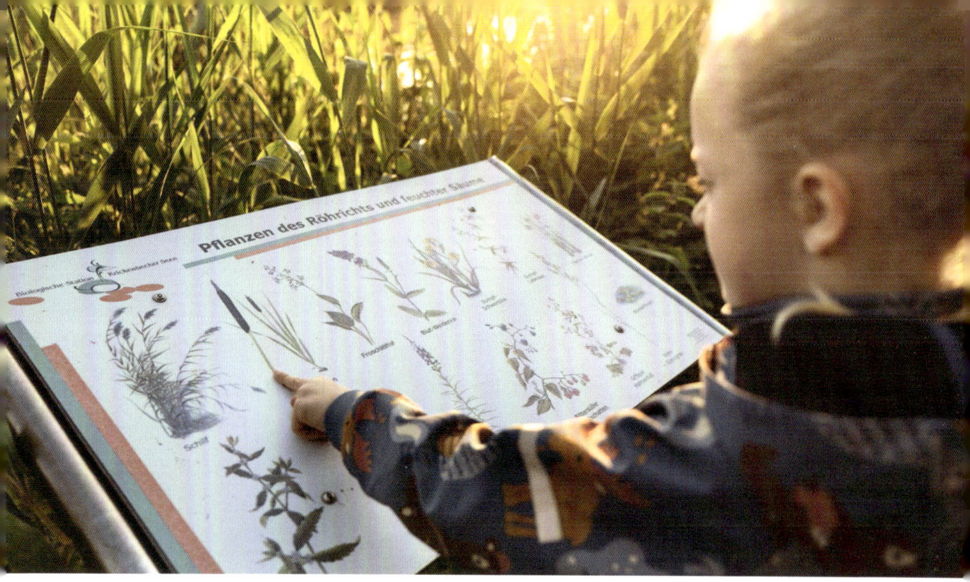
Pflanzen des Röhrichts und feuchter Säume

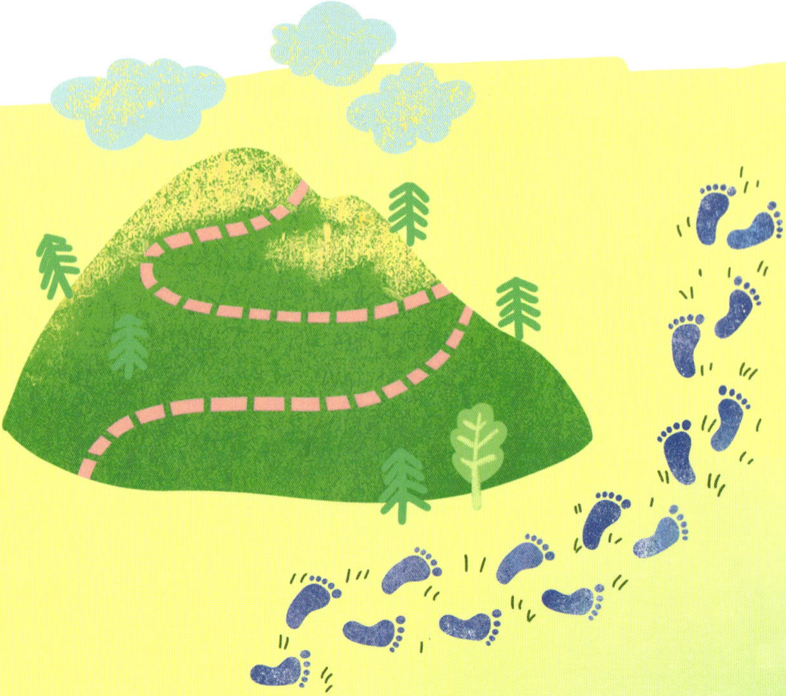

Tour 1	Abwechslungsreiche Tour zur Burg Brüggen
Tour 2	Durch das Blütenmeer von Tönisvorst
Tour 3	Eine Vogelwanderung in Nettetal
Tour 4	Wandern in Krefelds grünem Norden
Tour 5	Zwischen Nette und Niers in Wachtendonk
Tour 6	Industriekultur in Neukirchen-Vluyn & Kamp-Lintfort
Tour 7	Rund um Walbeck
Tour 8	Unterwegs in Rheinberg
Tour 9	Natur & Tiere in Weeze
Tour 10	Abenteuer in der Sonsbecker Schweiz
Tour 11	Von Kalkar nach Grieth am Rhein

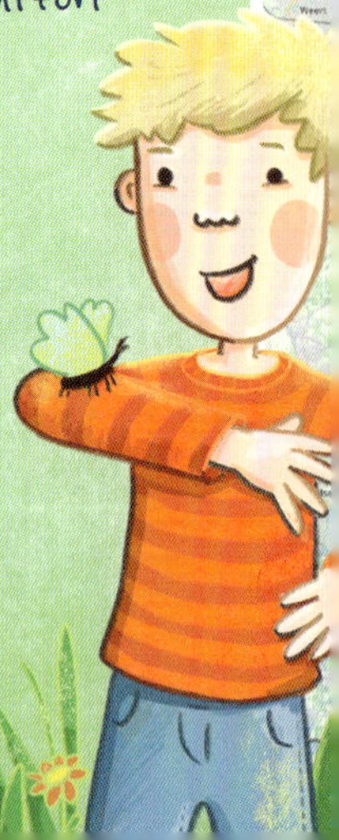

Die Touren im Überblick

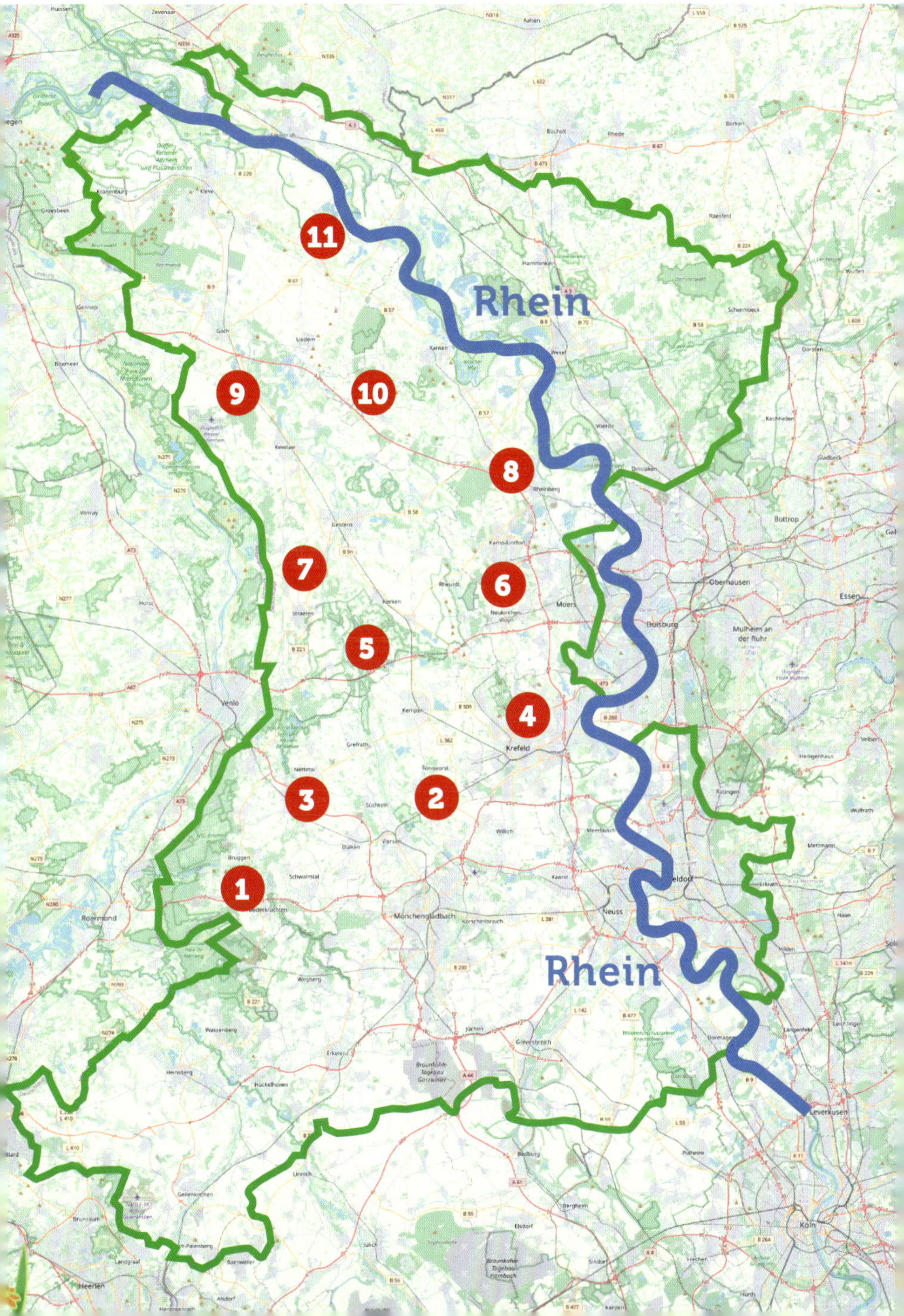

Vorwort

Von kleinen Füßen und großen Abenteuern am Niederrhein

Egal ob märchenhafte Burgen und historische Wasserschlösser, bunte Blumenwiesen, abenteuerliche Wälder und typische Kopfweiden-Alleen, malerische Flüsse oder spannende Spuren der Industriekultur – der Niederrhein bietet eine Vielfalt, die nur darauf wartet, von euch entdeckt zu werden. In diesem Wanderführer nehme ich euch mit auf elf Touren zu unseren liebsten Orten am Niederrhein. Jeder Weg ist ein kleines Abenteuer, jede Strecke birgt neue Überraschungen und aufregende Erlebnisse für Groß und Klein.

Eine Wanderung rund um Brüggen mit seiner ehemaligen Burg und der verwunschenen Schwalm fühlt sich immer an wie ein Tag Urlaub. Die Apfelstadt Tönisvorst ist vor allem im Frühling, wenn sich Millionen kleine weiße Blüten öffnen, einen Besuch wert. An den Krickenbecker Seen erlebt ihr eine einzigartige Seenlandschaft mit spannenden Vogelbeobachtungen. Vor allem in der Dämmerung ist es hier die reinste Freude auf Entdeckungstour zu gehen. Schafft ihr es durch das grüne Labyrinth am Hülser Berg in Krefelds Norden zu navigieren? Das beschauliche Wachtendonk begeistert nicht nur mit einer der schönsten Altstädte am Niederrhein, sondern auch durch einen besonders malerischen Wanderweg direkt entlang der Niers und den tollen Abenteuerspielplatz am Holleshof. Für niederrheinische Verhältnisse richtig hoch hinauf geht es auf der Halde Norddeutschland mit tollem 360-Grad-Blick bis zu den Hochöfen und Zechentürmen im Ruhrgebiet. Rund um das Spargeldorf Walbeck erlebt ihr Abenteuer auf beiden Seiten der niederländisch-deutschen Grenze. In Rheinberg wandert ihr auf den Spuren der Industrie-Geschichte zwischen

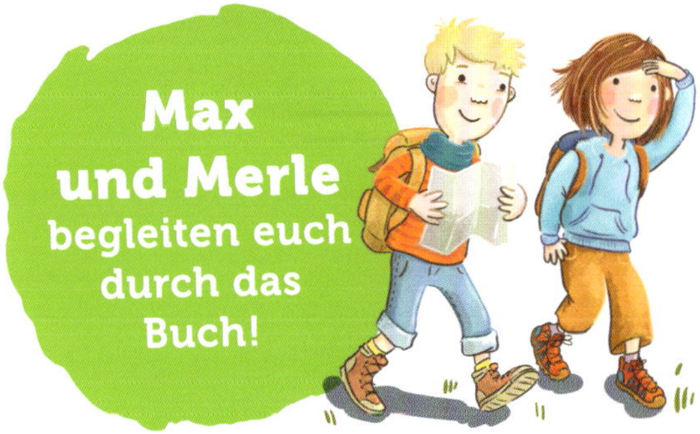

Rheindeich und historischer Festungsanlage. Umso verträumter geht es weiter Weeze: Eine spannende Mischung aus Wasserwanderung an der Niers und Erlebnispfad im Wald. Die Sonsbecker Schweiz nimmt euch hügelauf, hügelab mit zu beschaulichen Aussichten. Von Kalkar nach Grieth wandert ihr schließlich am nördlichen Niederrhein auf den Spuren der Hanse und fühlt euch zwischen Dünen schon fast wie an der Nordsee.

Nun denkt ihr vielleicht: Das liest sich toll, lasst uns starten. Aber ob unsere Kinder Lust dazu haben? Ist Wandern nicht viel zu langweilig? Wie bekommen wir sie nur motiviert? Es gibt natürlich keine Garantie dafür, dass eine Wanderung mit Kindern gelingt. Aber nach vielen hundert Wanderkilometern mit kleinen Füßen an der Hand weiß ich: Für Erlebnisse mit Kindern braucht es nicht die große weite Welt. Ganz im Gegenteil: Sie entdecken in allem Kleinen das Besondere. Denn während wir Großen oft nach Highlights, nach Aussichten, nach Erlebnissen suchen, liegen sie doch direkt vor uns. Meine Tochter sagte kürzlich zu mir: „Mama, wann gehen wir noch mal barfuß über Zapfen in Weeze?" Oder: „Können wir noch einmal zum Borner See und ein Boot aus Gras und Stöcken bauen?" Ja, diese Erinnerungen an eure Touren, die wünsche ich euch auch. Schafft auf den Wanderungen Erlebnisse, die in keinem Reiseführer stehen. Lauft gemeinsam barfuß über Moos und Steine, zählt das Quaken der Frösche, springt von Baumstumpf zu Baumstumpf und versucht schneller zu rennen als ein Schiff über den Rhein fährt. Die kleinen Füße werden schnell groß, manchmal viel zu schnell. Ich wünsche euch eine wunderbare Wanderzeit am Niederrhein! Und nun los, packt euren Rucksack, schnürt die Wanderschuhe und auf geht's ins Abenteuer.

Kleine Kinder haben ihre ganz eigene Meinung, wie ein perfekter Wandertag abläuft. Und vor allem: Sie haben ganz andere Ansprüche als ältere Familienmitglieder. All diese unterschiedlichen Bedürfnisse unter einen Hut zu bringen, kann herausfordernd sein. Damit der Familienausflug für alle Beteiligten entspannt und ein voller Erfolg wird, geben wir euch hier Tipps, wie ihr die Wanderung am besten vorbereitet, was unbedingt in den Rucksack gehört und wie ihr unterwegs für beste Stimmung sorgt!

Vor der Wanderung

Überlegt euch, welcher Ausflug heute der richtige für euch ist: Ist eine größere Runde mit Abenteuern in der Natur möglich? Oder wollt ihr es lieber entspannter angehen mit vielen Pausen und schönen Aussichten? Was können die Kinder realistisch schaffen? Wichtig ist auch: Wie wird das Wetter? Bei Hitze bietet sich eine Wanderung im Wald oder am Wasser an, denn Schatten und ein kleines Bad bieten willkommene Abkühlung. Lasst die Kinder mitbestimmen!

Die richtige Ausrüstung ist wichtig! Auch wenn ihr im flachen Land unterwegs seid: Feste, bequeme Schuhe, in denen ihr (alle!) unbeschadet längere Strecken laufen könnt, sind die wichtigste Voraussetzung für einen erfolgreichen Wandertag. Nichts ist blöder, als die Wanderung wegen Schmerzen, Blasen oder fußmüder Kinder abbrechen zu müssen. Außerdem solltet ihr auf wetterangepasste Kleidung achten: Lieber ein Teil zu viel als eines zu wenig mitnehmen, Zwiebellook ist hier das richtige Stichwort.

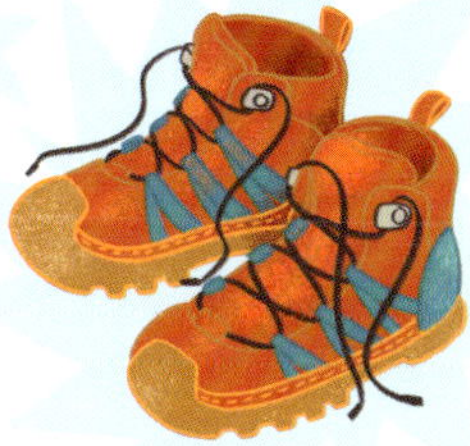

Und bei sonnigem Wetter: Eincremen und regelmäßiges Nachcremen mit geeigneter Sonnenmilch nicht vergessen!

Zur Ausrüstung gehört je nach Alter der mitwandernden Kinder auch das eine oder andere Fahrzeug: Ein Laufrad macht für kleine Kinder längere Strecken leichter. Ganz kleine Kinder können an der Wanderung gut in einer Kraxe teilnehmen – inklusive bester Aussicht auf dem Rücken von Mama oder Papa.

Ein wichtiger Punkt ist auch das Proviant: Hunger nervt. Durst noch mehr. Denkt daran, genügend Verpflegung einzupacken und Pausen einzuplanen, damit die Lust am Wandern nicht am knurrenden Magen scheitert. Ihr wisst, was eure Kinder am liebsten mögen! Geeignet ist natürlich immer Obst, gut zum Mitnehmen sind die klassischen belegten Brote, es darf natürlich auch mal ein Schokoriegel oder etwas Traubenzucker für den Energieschub zwischendurch sein. Ausreichend Wasser im Gepäck ist eine Grundvoraussetzung für jede Wanderung. Im Buch gibt es immer wieder Hinweise auf Orte, an denen sich ein gemütliches Picknick anbietet – natürlich mit schöner Aussicht. Ihr findet aber auch Tipps für besonders kinderfreundliche Restaurants oder Eiscafés mit dem besten Eis – denn das kann man nur schlecht als Proviant einpacken.

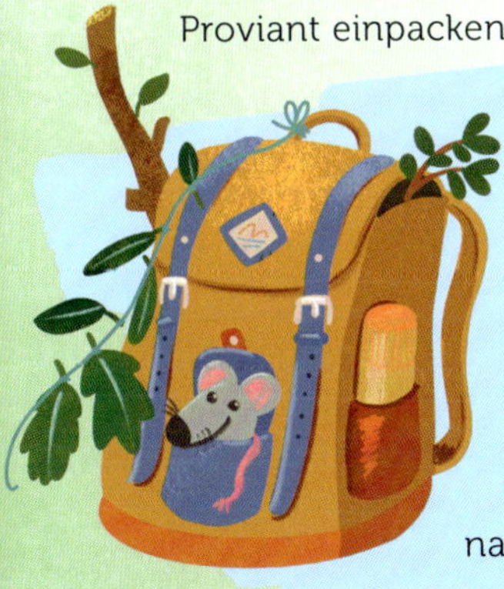

Tipp: Kinder haben Spaß daran, Verantwortung zu übernehmen und selbstständig zu sein. Packt ihnen einen eigenen kleinen Rucksack mit ihren Snacks, den sie unterwegs bei sich haben und sich selbst einteilen können. Der Rucksack sollte aber nicht zu schwer werden und kann bei Bedarf nachgefüllt werden.

Unterwegs

Je nachdem, wo ihr wandern wollt, seid ihr wahrscheinlich erst mal eine Weile mit dem Auto oder öffentlichen Verkehrsmitteln unterwegs: Schaut, dass die Fahrt für die Kinder schon spannend wird. Lasst sie rätseln, wohin es geht – und gebt entsprechende Hinweise. Was immer geht und Spaß macht, sind Klassiker wie „Ich sehe was, was du nicht siehst", Dinge am Wegesrand zählen (Wie viele Windkrafträder könnt ihr zählen? Wie viele Bushaltestellen sind es bis zum Ziel?) Hörspiele oder eine gute Playlist fürs Auto können auch für Unterhaltung sorgen.

Erst mal am Startpunkt angekommen, kann der Spaß beginnen. Damit dieser nicht zu schnell abhandenkommt, nehmt euch regelmäßig Zeit für kleine Pausen! Einfach mal an einem schönen Ort verweilen, auf einer Bank sitzen und in die Luft schauen, während die Kinder am Wegrand spannende Dinge entdecken und untersuchen, trägt zu einem entspannten Ausflug bei. Drängt nicht, wenn gerade Insekten untersucht oder Bäume erklettert werden! Lasst die Kinder mitbestimmen, wie die Wanderung gestaltet wird. Ein bisschen Abenteuer muss sein, sei es im Dickicht im Wald, auf dem Spielplatz oder am Seeufer. Und sollte doch mal Ratlosigkeit oder Unruhe aufkommen, gibt es im Buch auf Aktionsseiten Rätsel, Spiele und Infos zu den Wanderungen, die garantiert für Abwechslung sorgen.

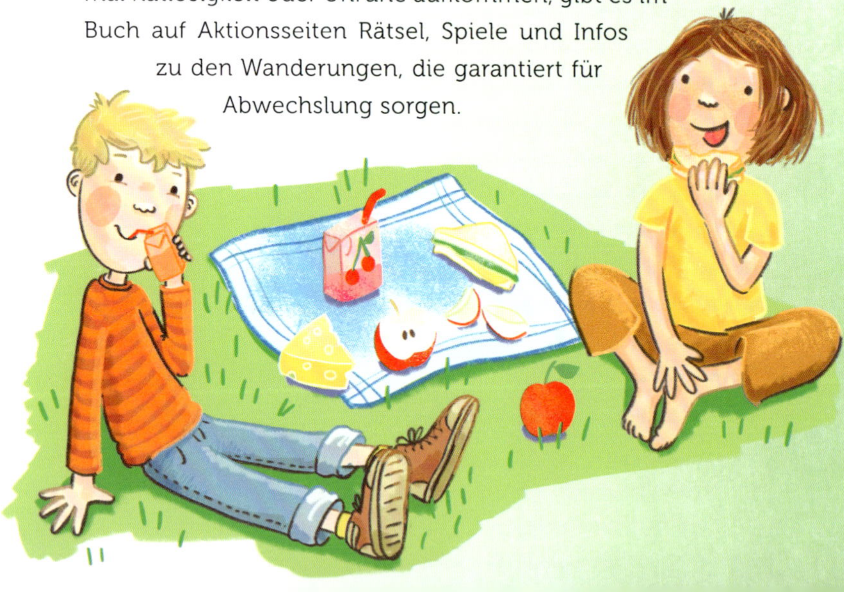

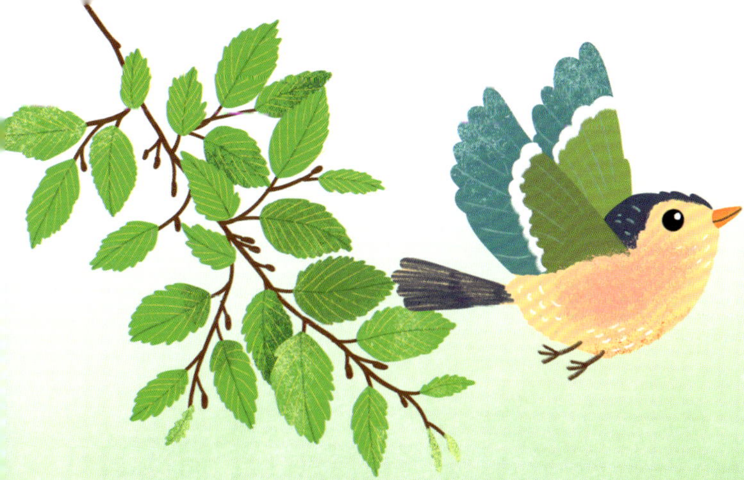

Nach der Wanderung ...

... ist vor der nächsten Wanderung. Sprecht darüber, was euch unterwegs besonders gut gefallen hat, wo ihr noch einmal hinmöchtet, was vielleicht beim nächsten Mal besser laufen könnte. Auf der Startseite jeder Wanderung gibt es Platz für eine kleine Logbuch-Notiz: Wann sind wir gewandert? Wie war das Wetter? Wie viel Sterne geben wir der Wanderung? Wenn die Kinder mitentscheiden dürfen und sehen, dass ihre Meinung gefragt ist, freuen sie sich umso mehr auf das nächste Abenteuer mit der ganzen Familie!
Erfahrungsgemäß werden draußen unterwegs gern die Hosen- und Jackentaschen mit schönen Steinen, besonderen Stöckchen, leeren Schneckenhäusern und anderen wertvollen Fundstücken gefüllt, Wie wäre es, wenn ihr eine Wander-Schatzkiste bastelt, in der die Kinder von jeder Wanderung die schönsten Stücke als Erinnerung aufbewahren können?
Im Umschlag des Buchs gibt es außerdem die Möglichkeit, euer liebstes Erinnerungsfoto einzukleben.

Viel Spaß beim Wandern und Entdecken wünschen euch
Anke Schöps und der Klartext Verlag!

AUF ZU DEN RITTERN!

Abwechslungsreiche Tour zur Burg Brüggen

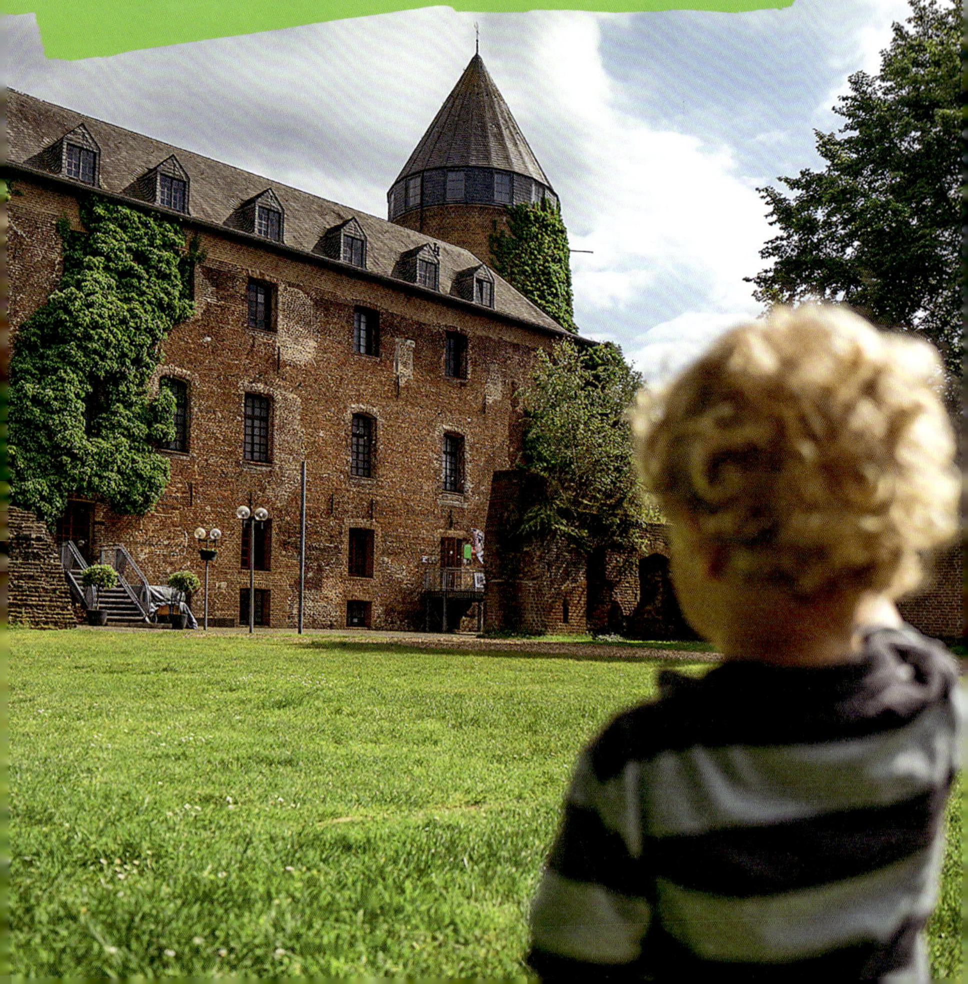

Gewandert am:

Das Wetter heute: ☐ ☐ ☐

Spaßfaktor: ☆☆☆☆☆

Eure erste Niederrhein-Tour ist gleich ein wahres Abenteuer! Auf der Runde vom Borner See zur Burg Brüggen dürft ihr euch wie Ritter fühlen. Der Weg bis zur Burg ist abwechslungsreich und führt euch direkt am Wasser entlang, durch Wälder, über Flüsse und schließlich in eine der schönsten Altstädte am Niederrhein.

TOUR 1

ca. 2,5 Std. | ca. 7 km | 20 m

Start/Ziel: Brüggen-Born

Anreise mit ÖPNV: Bushaltestelle Brüggen-Born (Buslinie 074). Von da aus über den Schwalmweg und Born hinunter Richtung See.

Anreise mit Pkw: Kostenfreie Parkplätze gibt es am Wanderparkplatz in Brüggen-Born (Born 27, 41379 Brüggen)

Wegbeschaffenheit: Überwiegend naturbelassene Wege, wenig Asphalt

Wegbeschreibung: Von Rittern und Burgen ist im beschaulichen Brüggen-Born zunächst noch nicht viel zu sehen. Aber schon bei der Anfahrt zum Wanderparkplatz an der ehemaligen Bahnstation Born stimmen wir uns auf die Tour ein: Kopfsteinpflaster, Fachwerkhäuschen – Beschaulichkeit wird heute großgeschrieben. Vom Parkplatz aus folgen wir der Beschilderung zum See.

Am Weg

BORNER SEE

Der Borner See entstand einst vor über 300 Jahren durch Torfabbau. Nachdem er zeitweise völlig verschlammt war, wurde der See in den 1970er Jahren wiederhergestellt und ist seitdem Teil des Naturschutzgebietes Tantelbruch. Der Borner See ist rund 5,5 Hektar groß – das ist in etwa so viel wie 44 Olympische Schwimmbecken.

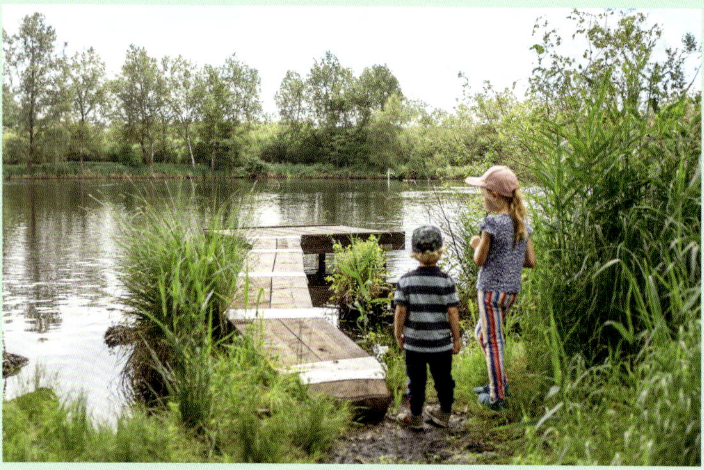

Gleich zu Beginn der Tour geht es nah ans Wasser.

Der Weg führt direkt am Wasser entlang – nach starken Regenfällen sind hier auf jeden Fall Gummistiefel angebracht. Die schmalen, naturbelassenen Wege, aber auch kleine Brücken lassen die ersten zwei Kilometer wie im Flug vergehen.

Auf der anderen Seite des Sees erhascht ihr noch kurz einen Blick auf die Kirche St. Peter in Born, die man von dieser Seeseite aus besonders gut sehen kann. Dann geht es links weiter in den Tantelbruch. Ihr folgt dem Weg bis zur zweiten Kreuzung und zweigt dort nach rechts ab. Auch wenn der Weg vermeintlich nur geradeaus führt, ist der Tantelbruch ein durch und durch hübscher Wald, der zu jeder Jahreszeit, aber besonders im Sommer und Herbst, seinen Reiz hat. An der nächsten Wegkreuzung führt euer Weg nach rechts leicht bergab Richtung Schwalm. Dann wieder rechts und an der nächsten Gabelung nach links direkt an der Schwalm entlang.

Abstecher

Südlich von Brüggen liegt der Hariksee, der mit Tretbootverleih und Gastronomie im Sommer ein beliebtes Ausflugsziel ist. Die Runde verlängert sich dadurch um ca. 2,5-5 Kilometer – je nachdem ob ihr den Hariksee auch umrunden möchtet oder nur zum Tretbootverleih wandert. Wenn ihr lieber etwas abkürzen möchtet, verzichtet ihr auf den Abstecher durch den Tantelbruch und lauft am Borner See direkt geradeaus Richtung Schwalm.

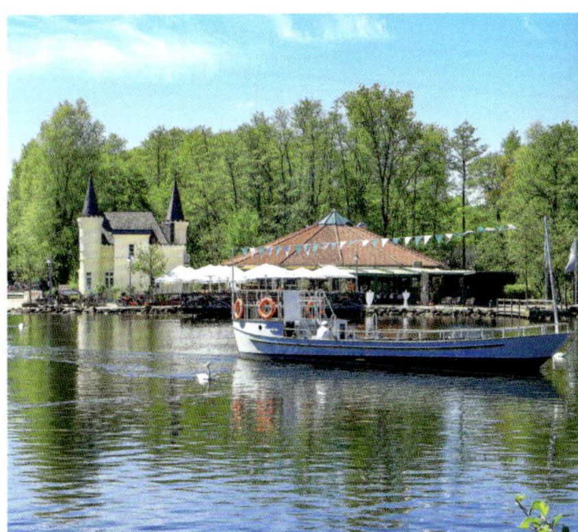

Ausflugschiff Patschel am Hariksee

Ihr überquert die Schwalm über eine kleine Brücke in Richtung Brüggen und biegt direkt danach links ab in Richtung Felder. Über eine langgezogene Passage direkt am Laarer Bach entlang folgt ihr dem Weg bis auf die andere Seite der B221. Nach wenigen Metern folgt ihr rechts den Schildern Richtung Brüggen und der Burg. Hier beginnt einer unserer liebsten Abschnitte dieser Runde. Ihr haltet euch links und wandert an einem verwunschen aussehenden Seitenarm der Schwalm entlang. Das Wasser ist nahezu spiegelglatt, tote Bäume ragen wie Skulpturen daraus empor, überall zirpt und quakt es in dieser bizarren Moorlandschaft. Die Natur hat sich diese Stelle vollends erobert. Auf einer schmalen Landzunge zwischen zwei Schwalmarmen führt auf euch der Weg direkt bis zur Brüggener Mühle. Am Parkplatz zweigt ihr rechts ab und folgt dann dem Burgwall nach links Richtung Burg Brüggen.

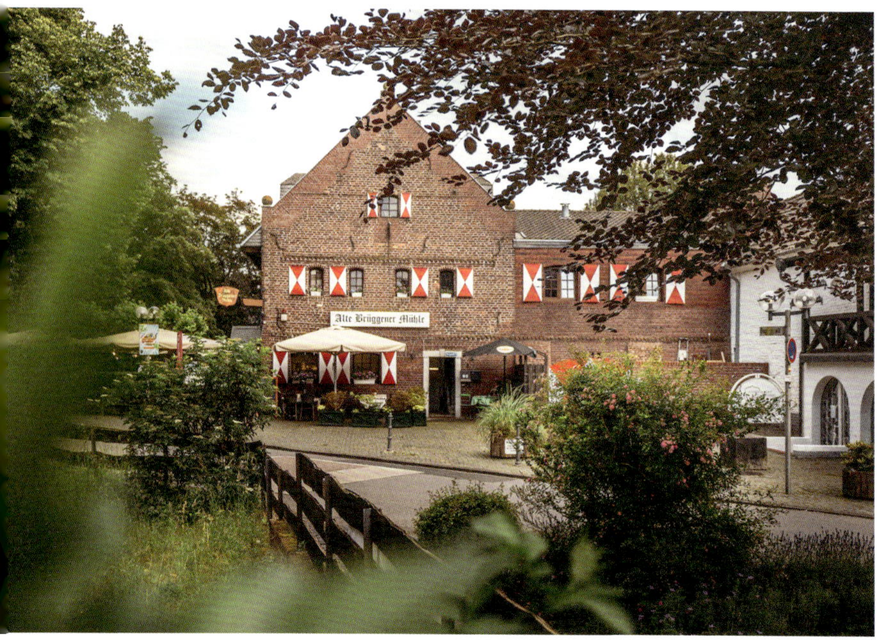

In der Brüggener Mühle wurde einst Öl und Korn gemahlen.

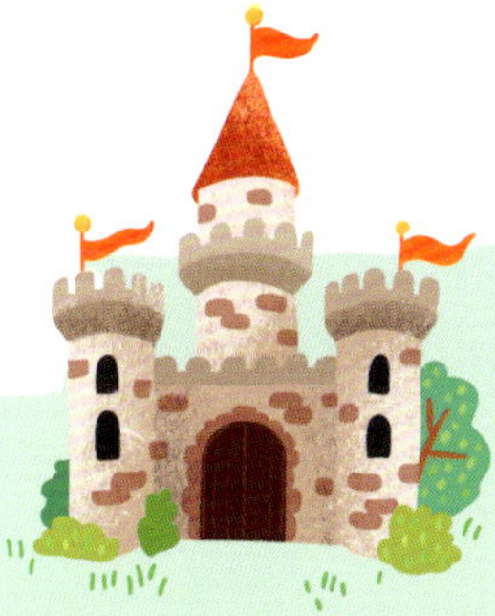

Am Weg

BURG BRÜGGEN

Die Burg Brüggen ist eine Wasserburg und wurde erstmals 1289 in einer Heiratsurkunde erwähnt. Sie war eine der bedeutendsten Burgen im Herzogtum Jülich. 1794 wurde Brüggen durch französische Truppen besetzt. Seitdem ist die Burg in Privatbesitz. Heute findet ihr im ehemaligen Palas, dem prächtigen Saal der Burg Brüggen, das regionale Jagd- und Naturkundemuseum. Eine spannende Dauerausstellung rund um das Thema „Mensch und Jagd" nimmt euch mit auf 300.000 Jahre menschliche Geschichte vom Sammler zum Jäger:
Museum Mensch und Jagd, Burgwall 4, 41379 Brüggen,
mehr Informationen unter www.menschundjagd.de

Für Kinder gibt's eine ca. 30-minütige spannende Museums-Rallye, auf der ihr mit einem Quiz selbst Fährten folgen und Rätsel lösen könnt. Im angrenzende Süd-west-Turm gibt es eine Aussichtsplattform, von der aus ihr einen tollen Blick auf die Brüggener Altstadt und Umgebung genießt.

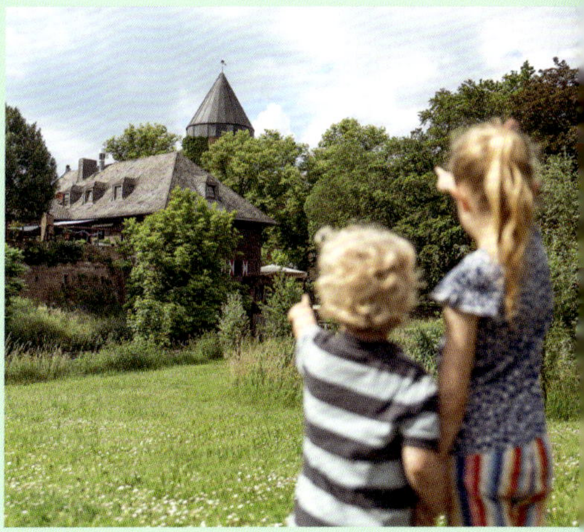

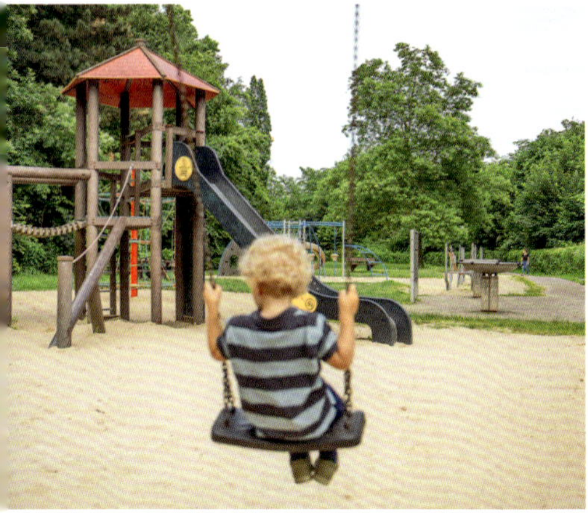

Vom Burghof aus folgt ihr dem Weg über den Burgweiherplatz und biegt hinter dem Burgwall nach rechts ab. Dort ist der große Kinderspielplatz der ideale Ort für eine Rast. Vielfältige Spielgeräte bringen Spaß für jedes Alter und unter den großen Bäumen lässt es sich auch herrlich picknicken.

Am Weg

BRÜGGENER KASEMATTEN

Zwischen Burg Brüggen und Spielplatz liegt der Burgwall und darunter ein gemauertes Gewölbe, die sogenannten Kasematten. Sie sind von außen nicht sichtbar und waren im 16. Jahrhundert eine hochmoderne Verteidigungsanlage. Die Kasematten können in offenen Führungen jeden ersten Sonntag im Monat bis einschließlich Oktober besichtigt werden (Kosten: 5 Euro pro Person).

Vom Spielplatz aus folgt ihr dem Weg am Burgwall entlang und seht kurz hinter der Boule-Anlage eine ehemalige Dampflok als Erinnerung an die frühere Bahntrasse zwischen Brüggen und Dülken. Für den Weg zurück folgt ihr dem Burgwall bis zur nächsten Ecke und zweigt nach rechts auf „In der Haag" Richtung Born ab. Zunächst wandert ihr durch ein Wohngebiet und seid recht bald wieder im Grünen. Auf der ehemaligen Bahntrasse führt euch der Weg direkt zurück zum Parkplatz.

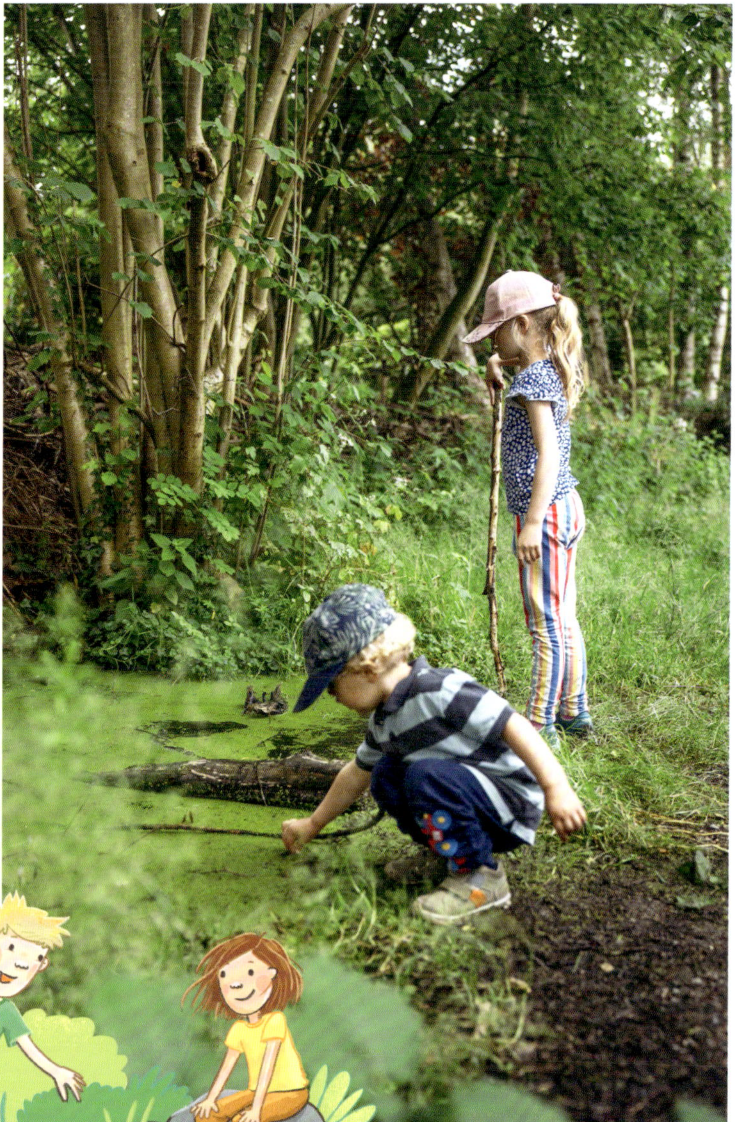

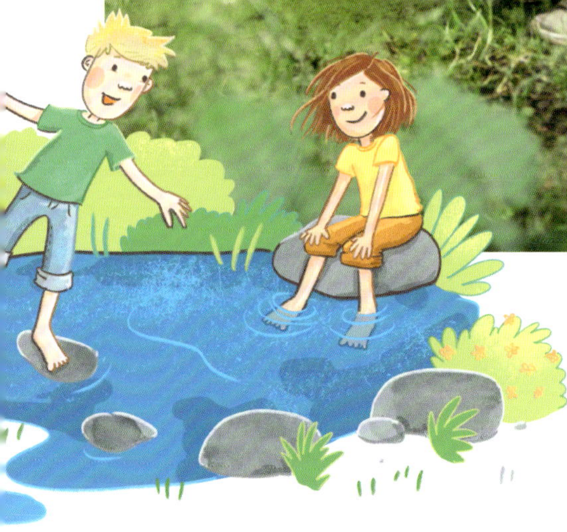

Stöcke, Blätter und eine Pfütze mit Entengrütze sind Naturexperiment pur!

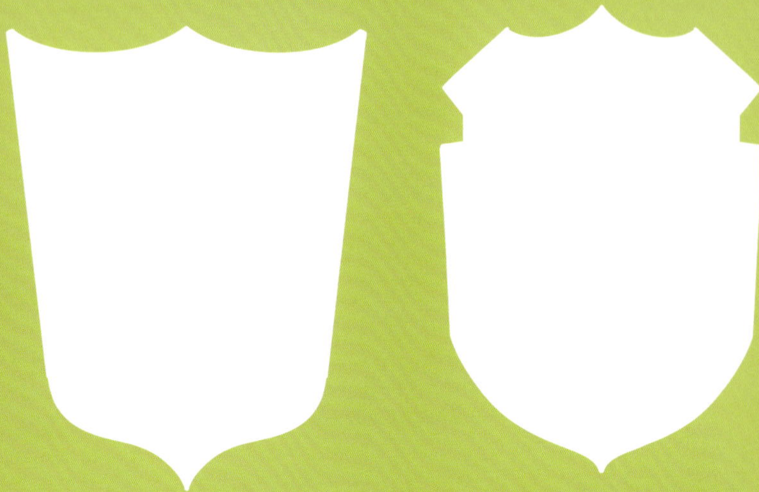

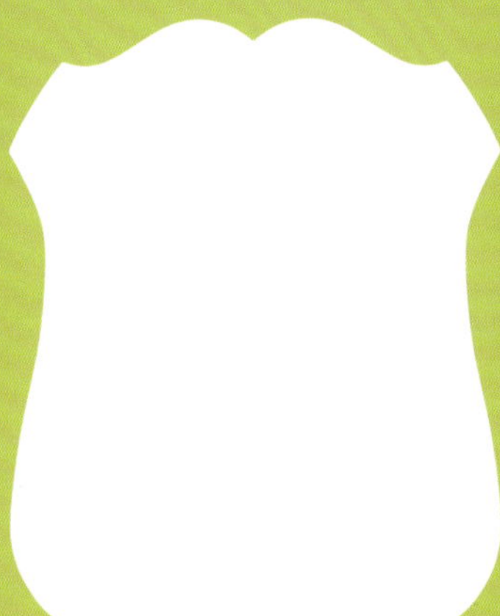

Hier könnt ihr eigene Wappen entwerfen!

Max und Merle suchen einen Weg durchs Labyrinth zur Burg. Könnt ihr ihnen helfen?

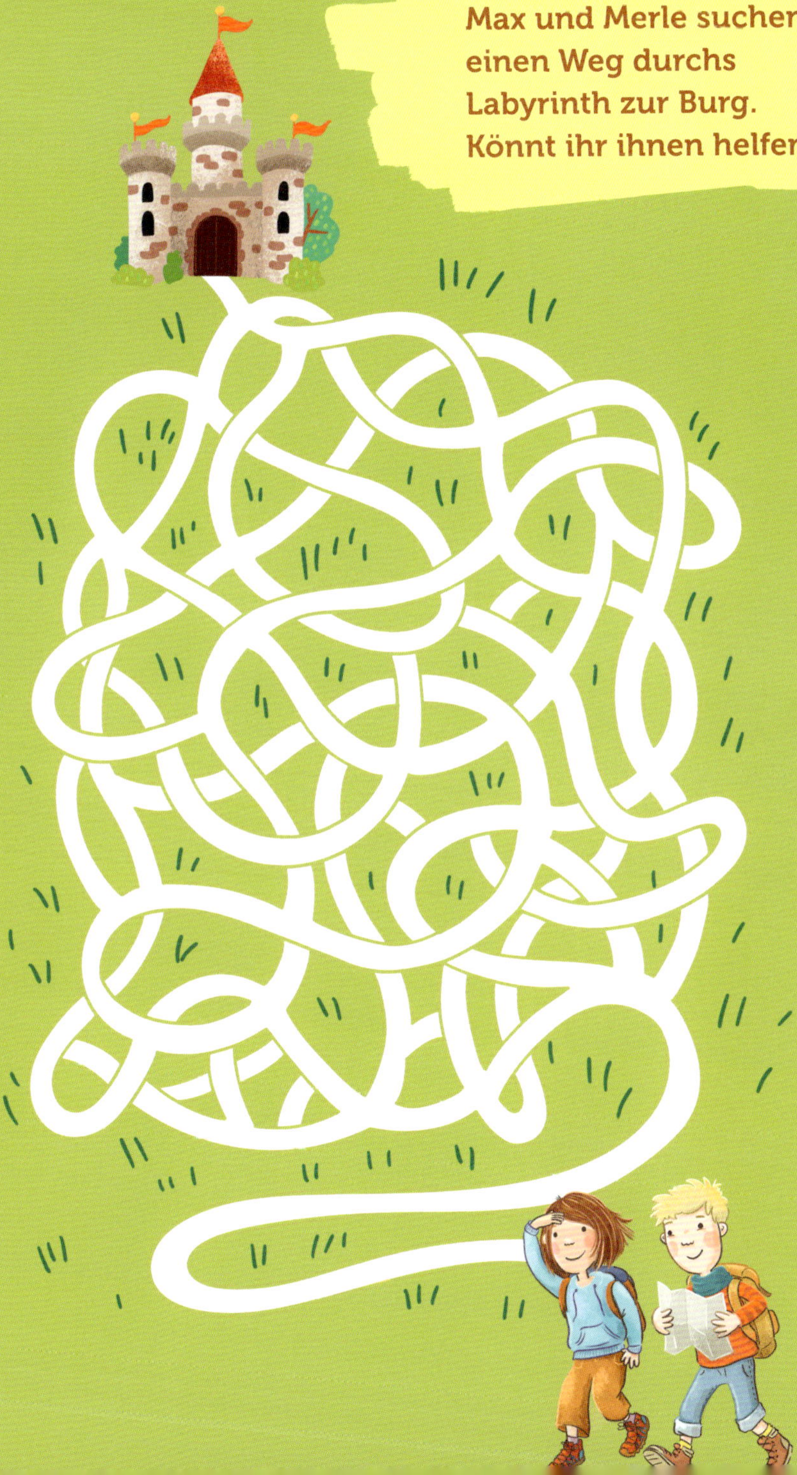

TOUR 1

Startpunkt

Zielpunkt

Parkplatz

Haltestelle

Spiel & Spaß

Gastronomie

Burgen/
Schlösser/
Historische Orte

Wassererlebnis

Aussichtspunkt

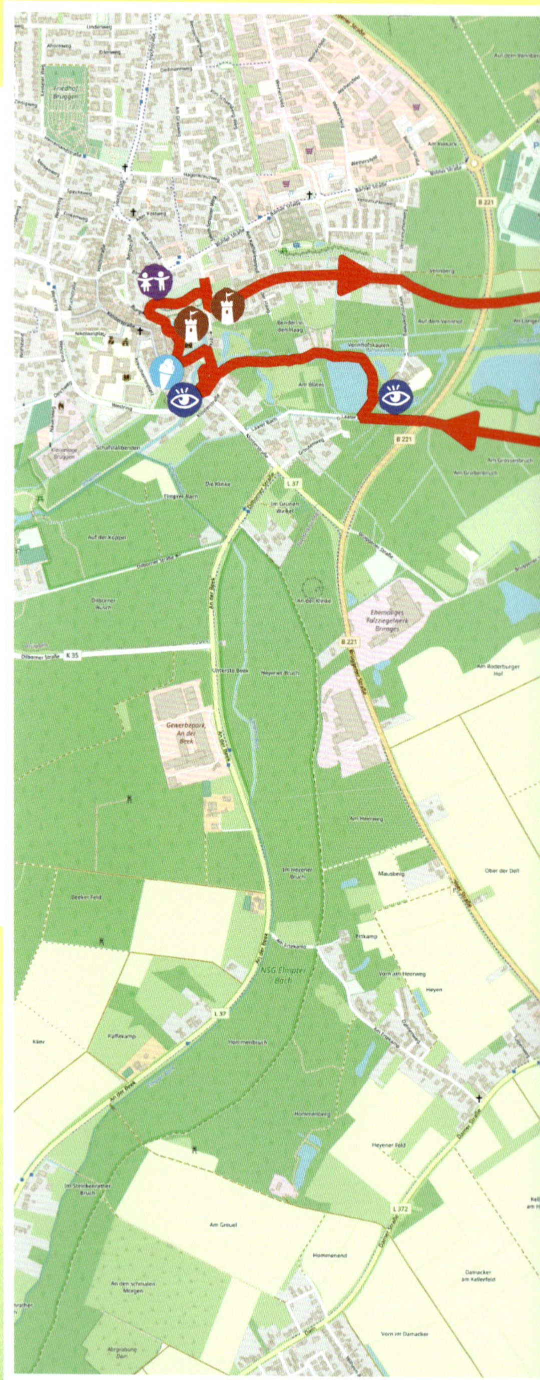

Abwechslungsreiche Tour zur Burg Brüggen

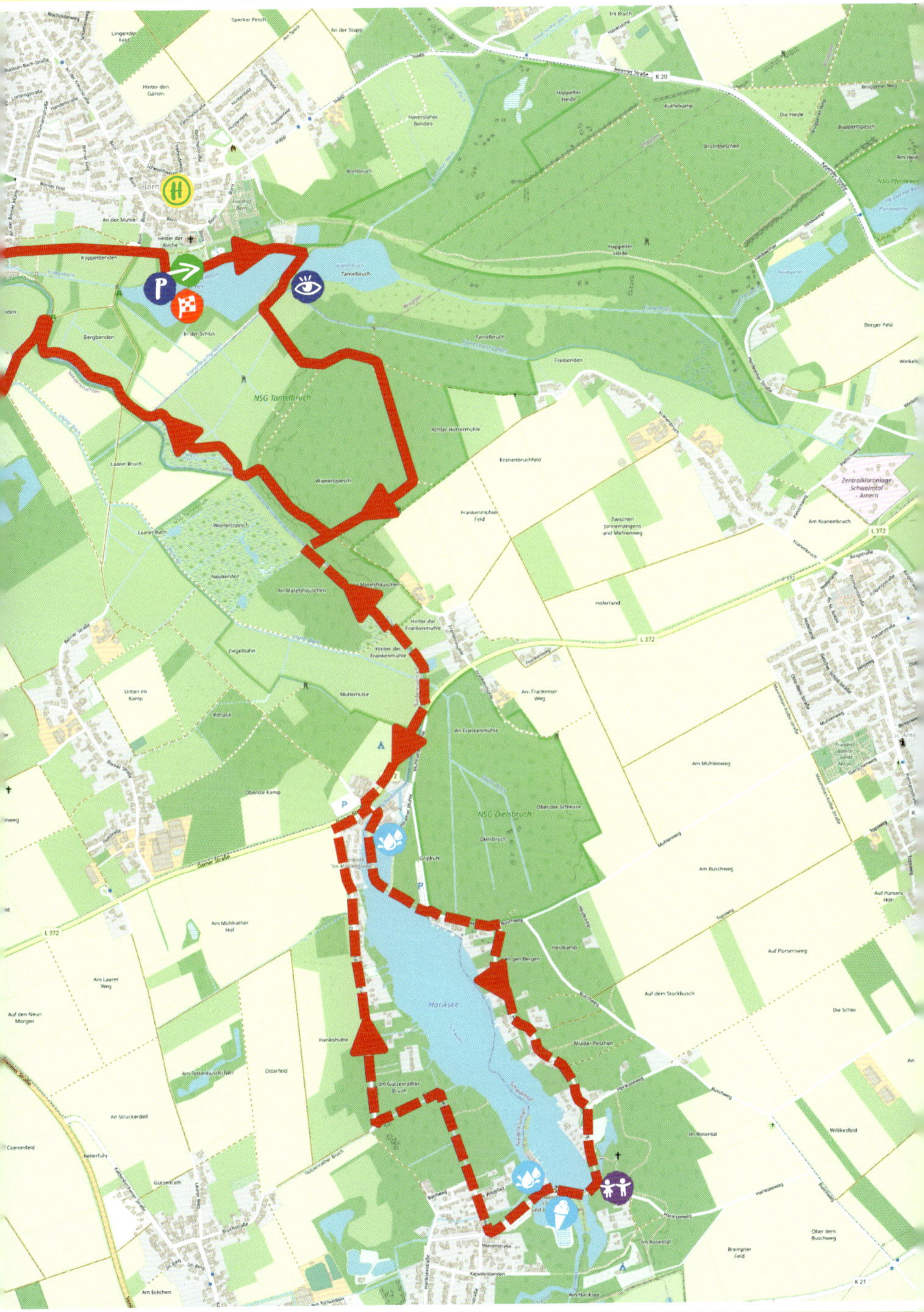

RUND UM DIE APFELSTADT

Durch das Blütenmeer von Tönisvorst

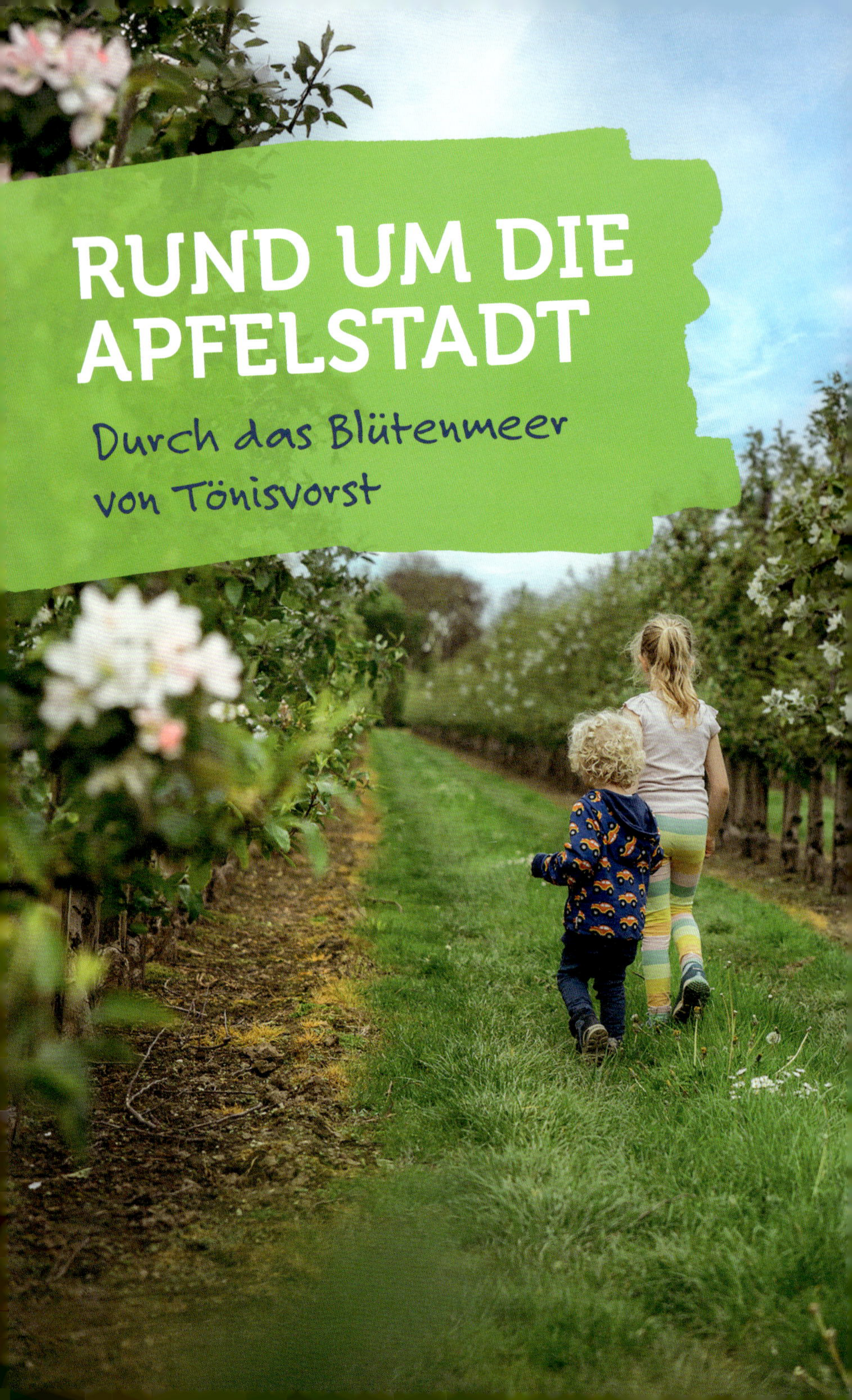

Gewandert am:

Das Wetter heute:

☐ ☐ ☐

Spaßfaktor: ☆☆☆☆☆

Willkommen in unserer Heimat! Die Apfelstadt Tönisvorst ist ganzjährig einen Besuch wert, aber im Frühling erleben wir hier jedes Jahr das vielleicht schönste Blütenmeer am Niederrhein. 400.000 Apfelbäume stehen dann in der Huverheide in voller Blüte und überziehen die Felder zwischen den Ortsteilen St. Tönis und Vorst mit einem weiß-rosa Schleier. Später im Jahr sind die Bäume dicht mit knackigen Äpfeln behangen – bis zu 50 Millionen Früchte werden hier jährlich geerntet.

TOUR 2

ca. 3,5 Std. | ca. 8 km | 10 m

Start/Ziel: Huverheide in Tönisvorst-Vorst

Anreise mit ÖPNV: Bushaltestelle Tönisvorst-Kehn (Buslinie 062 und 064). Von dort führt der Weg in wenigen Schritten zur Schluff-Trasse.

Anreise mit Pkw: An der St. Töniser Str. 26 gibt es eine kleine Parkbucht. Ansonsten gibt es kostenfreie Parkplätze entlang der St. Töniser Straße am Ortseingang von Vorst.

Wegbeschaffenheit: Asphalt

Wegbeschreibung:

Eure Apfelplantagen-Runde beginnt an der Schluff-Trasse. Früher verlief genau hier, wo heute ein Radweg entlangführt, die ehemalige Schienentrasse. Ihr folgt dem Weg Richtung St. Tönis für etwa 900 Meter schnurstracks geradeaus und entdeckt linker Hand schon die ersten Apfelbäume.

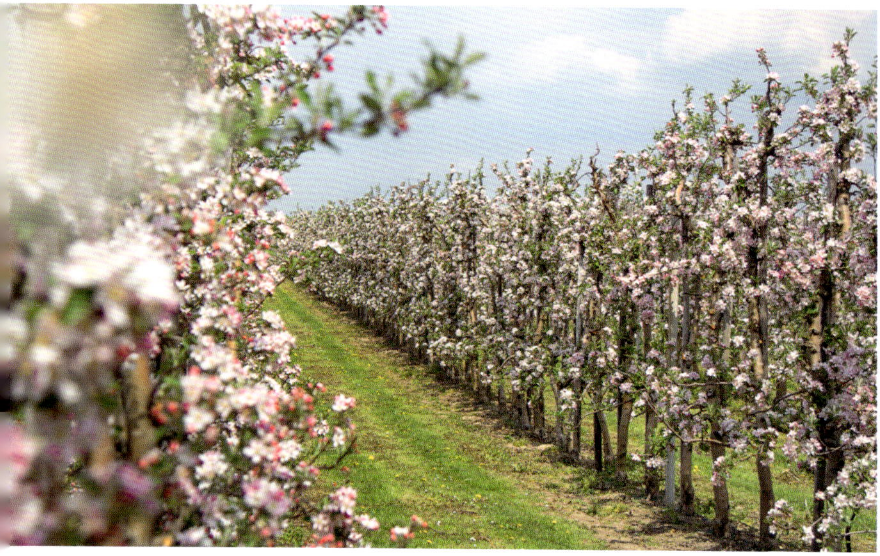

Weiß bis zartrosa erstrahlt im April die Apfelblüte.

Tipp

Die Runde ist ideal für Kinderwagen, Laufräder und Fahrräder geeignet. Wenn die Kinder an manchen Tagen keine Wanderlust haben, nehmen wir gern etwas Rollendes mit. Das macht die Kleinen glücklich und wir Großen kommen mit etwas schnelleren Schritten voran. Wenn ihr im kleinen Selbstbedienungshofladen einkaufen möchtet, kann auch ein Bollerwagen praktisch sein.

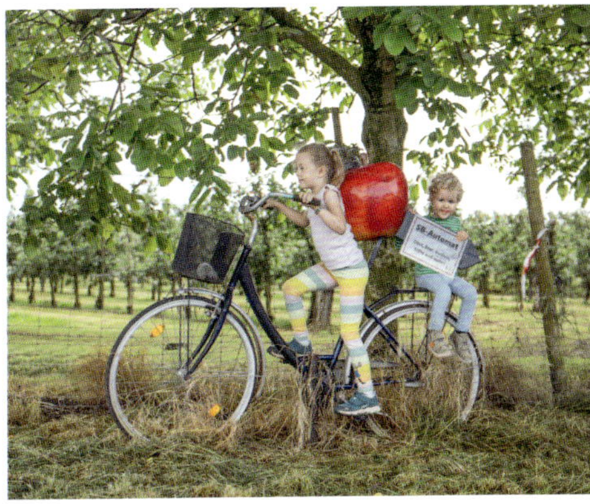

An der nächsten Wegkreuzung folgt ihr dem Weg nach links in die Huverheide. Nach wenigen Schritten nähert ihr euch einem ersten Hof mit kleinem Futterautomat für die freilaufenden Hühner. Ihr folgt dem Weg bis zur nächsten Kreuzung und zweigt rechts nach Tack ab. Links und rechts von euch stehen tausende Apfelbäume in Reih und Glied gepflanzt. An der nächsten Kreuzung geht es nach links, vorbei am kleinen Modellflugplatz und an der nächsten Wegkreuzung wieder links. Diese Stelle erkennt ihr besonders gut am Fahrrad nebst großem Apfel und Hinweisschild auf unsere erste Picknickstelle: Der SB-Automat.

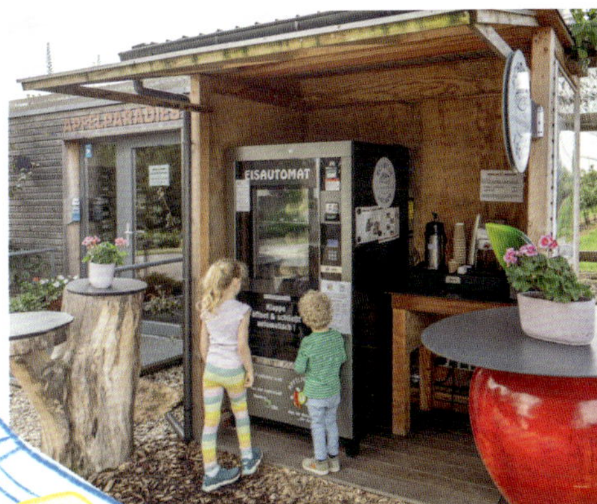

Die wohlverdiente erste Stärkung wartet auf euch.

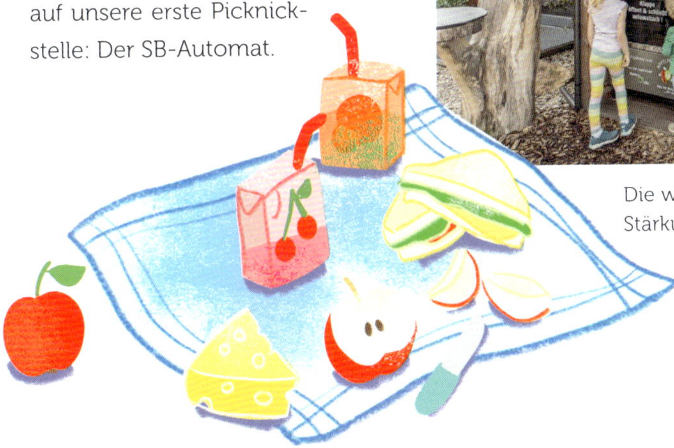

Durch eine wunderschöne kleine Allee führt euer Weg nun über etwas schottrigen Untergrund bis zum Apfelparadies. Ihr lauft geradewegs auf das kleine Holzhaus zu, in dem ihr euch euer Picknick kaufen könnt: Frisches Brot und Teilchen aus der Hofbäckerei, auch Aufstriche, Marmeladen, natürlich Apfelsaft und je nach Jahreszeit verschiedene Sorten Äpfel, Erdbeeren oder Aprikosen warten darauf probiert zu werden. An besonders warmen Tagen lockt der Eisautomat vor dem Häuschen; auch Kaffee und Apfelsaft stehen gegen eine kleine Spende bereit.

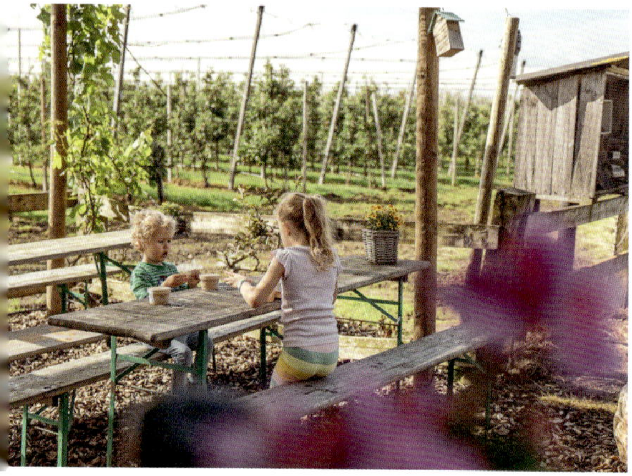

Die kleine Picknickecke liegt mitten in der Apfelplantage.

Frisch gestärkt folgt ihr dem Weg am Bauernhof vorbei. Je nach Jahreszeit könnt ihr zwischen den Apfelbäumen hier auch blühende Zierapfel- oder Quittenbäume sehen. Nach ca. 650 Metern folgt ihr an der Weggabelung dem Weg nach links, vorbei am Obsthof Schumacher. Durch eine hoch bewachsene Allee führt euch der Weg bis zur nächsten Kreuzung, wo ihr nach rechts abzweigt. Wir lassen die Huverheide langsam hinter uns und folgen dem Weg über die Landstraße und biegen direkt danach links am Heiligenhäuschen auf den Gotthardusweg ab.

Info

Die Gedenkstation ist eine von vielen rund um Vorst, die an den Heiligen Godehard erinnern. Godehard (960–1039) war Bischof von Hildesheim und einer der bedeutendsten Heiligen des Mittelalters. Unter anderem der berühmte Gotthardpass in der Schweiz ist nach ihm benannt. Rund um seinen Todestag am 5. Mai findet jährlich eine Gedenkprozession durch Vorst statt.

Kurz vor dem Ortseingang von Vorst zweigt ihr nach rechts ab und biegt dann vorbei am Umlaufgitter wieder rechts ab auf die ehemalige Schluff-Trasse. Eure Kinder werden nach wenigen hundert Meter sicherlich nach links auf den Spielplatz im Kniebeler Park stürmen – zu Recht!

Tipp

Nur 200 Meter vom Kniebeler Park entfernt wartet direkt am Vorster Marktplatz ein mindestens so tolles Highlight: eine große Erfrischung im Eis & Sahne Paradies. An sonnigen Tagen reicht die Warteschlange gerne über den kompletten Marktplatz.

Eis & Sahneparadies, Markt 6, 47918 Tönisvorst,
mehr Informationen unter
www.eissahne-paradies.de

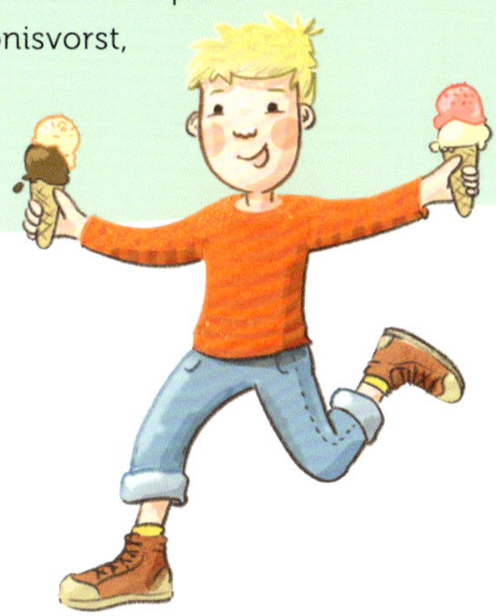

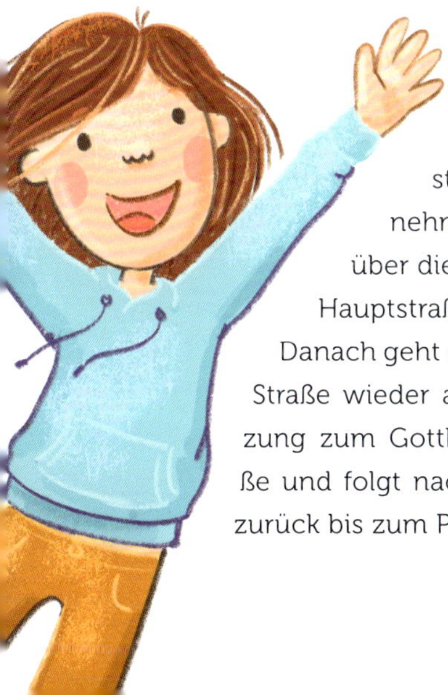

Wenn ihr noch ein wenig mehr Altstadt-Flair von Vorst erleben wollt, dann nehmt ihr vom Marktplatz den Abstecher über die Kuhstraße, dann nach links entlang der Hauptstraße und zurück durch die Clevenstraße. Danach geht es über den Steinpfad und die Kempener Straße wieder aus Vorst heraus. Kurz hinter der Kreuzung zum Gotthardusweg überquert ihr die Landstraße und folgt nach dem Umlaufgitter der Schluff-Trasse zurück bis zum Parkplatz.

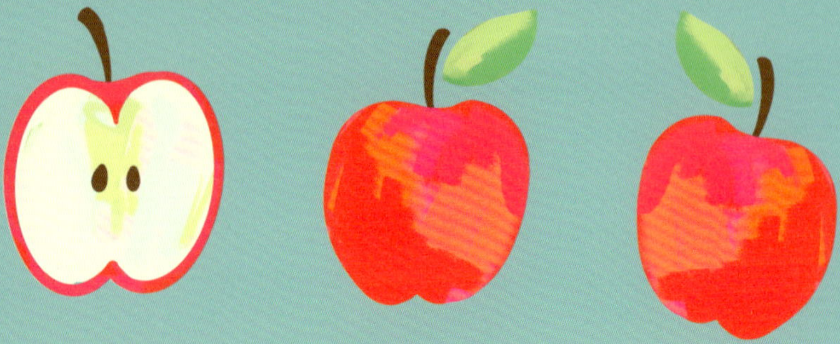

E	L	S	T	A	R	Ü	R	W	O
B	J	Ä	P	K	P	S	A	E	H
C	A	P	F	E	L	A	N	L	T
Ü	S	K	E	R	U	F	E	L	G
P	C	W	E	N	U	T	S	A	K
F	H	W	R	L	O	C	S	N	G
E	A	L	N	T	L	R	H	T	T
B	L	Ü	T	E	U	T	G	T	L
R	E	A	E	Ö	B	A	U	M	I

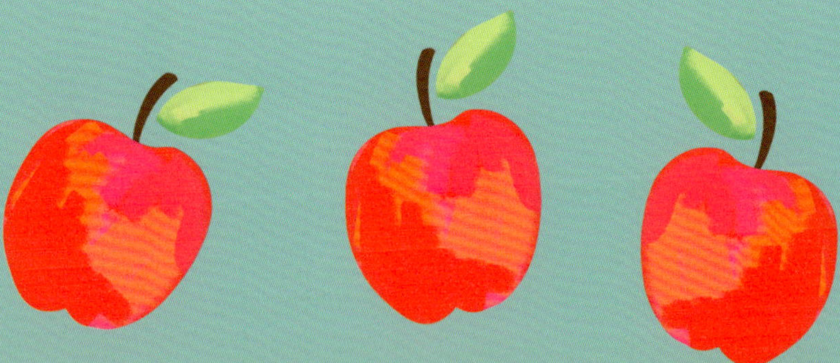

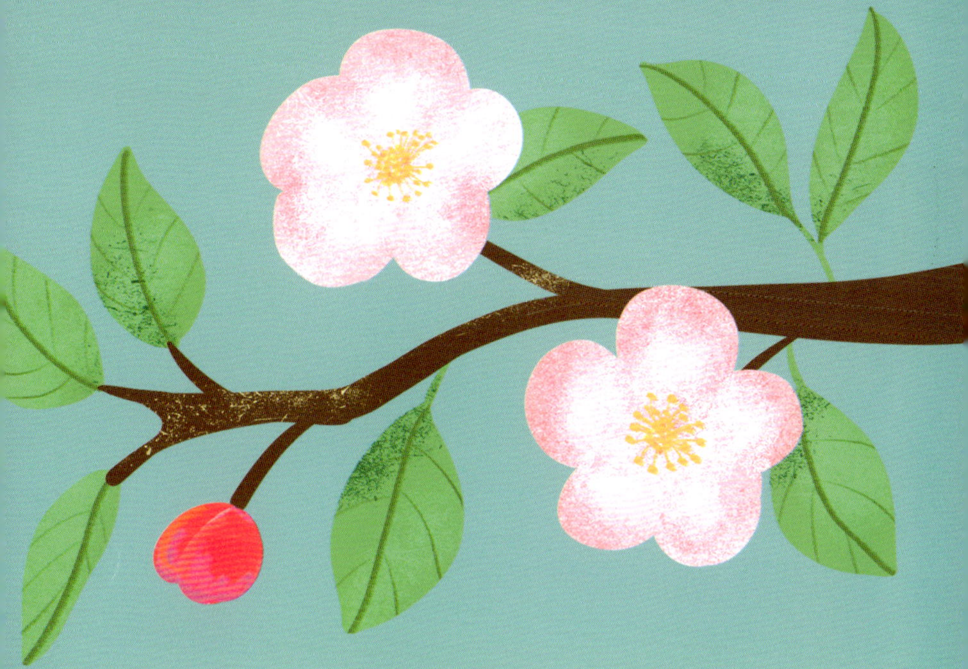

Auf der Wanderung habt ihr viele Apfelbäume gesehen! Kennt ihr euch auch mit Äpfeln aus? Im Suchspiel sind 10 Begriffe rund um den Apfel versteckt – könnt ihr alle finden? Gesucht sind:

Apfel, Kern, Blüte, Ernte, Wellant,
Elstar, Schale, Baum, Frucht, Saft

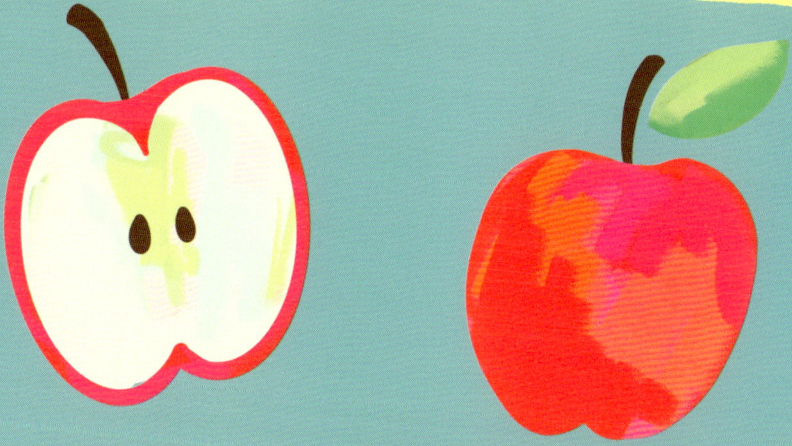

TOUR 2

Startpunkt

Zielpunkt

Parkplatz

Haltestelle

Spiel & Spaß

Gastronomie

Burgen/
Schlösser/
Historische Orte

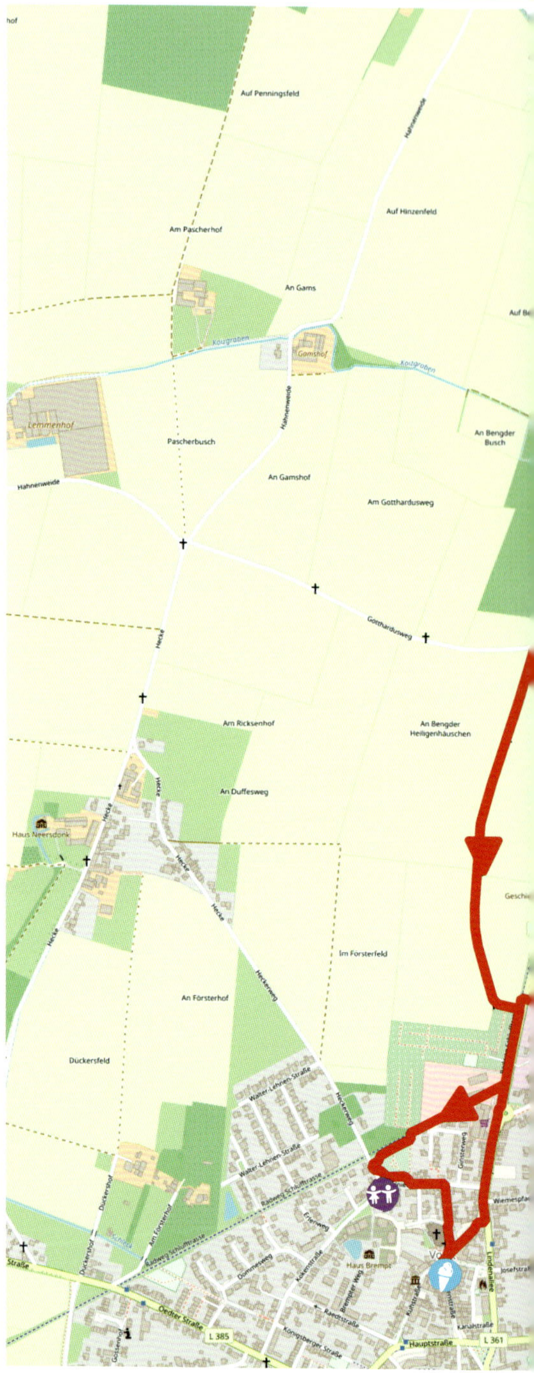

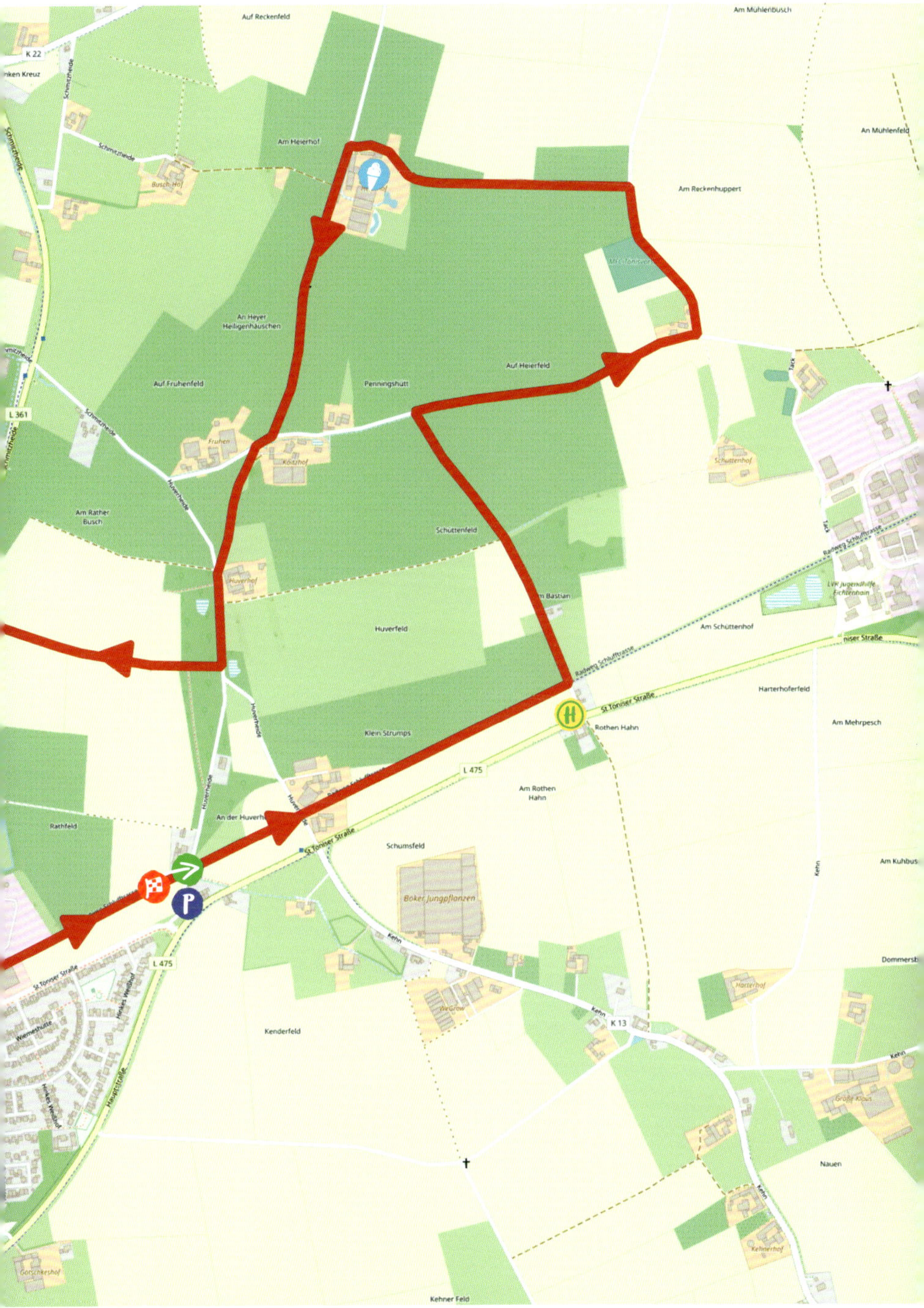
Auf Reckenfeld
Am Mühlenbusch
K 22
Schmitzheide
Am Heierhof
An Mühlenfeld
Am Reckenhuppert
Busch-Hof
An Heyer Heiligenhäuschen
Auf Fruhenfeld
Penningshütt
Auf Heierfeld
L 361
Fruhen
Kotzhof
Huverheide
Schüttenhof
Am Rather Busch
Schüttenfeld
Huverhof
Am Bastian
Huverfeld
Am Schüttenhof
Radweg Schluffrasse
St Töniser Straße
Harterhoferfeld
Rothen Hahn
Am Mehrpesch
Klein Strumps
L 475
Am Rothen Hahn
Rathfeld
Schumsfeld
Am Kuhbus
Boker Jungpflanzen
Kehn
Dommersb
Harterhof
K 13
Kenderfeld
Wiemeshütte
Hauptstraße
Nauen
Kehnerhof
Gotzkeshof
Kehner Feld

DIE SEENPLATTE DES NIEDERRHEINS

Eine Vogelwanderung in Nettetal

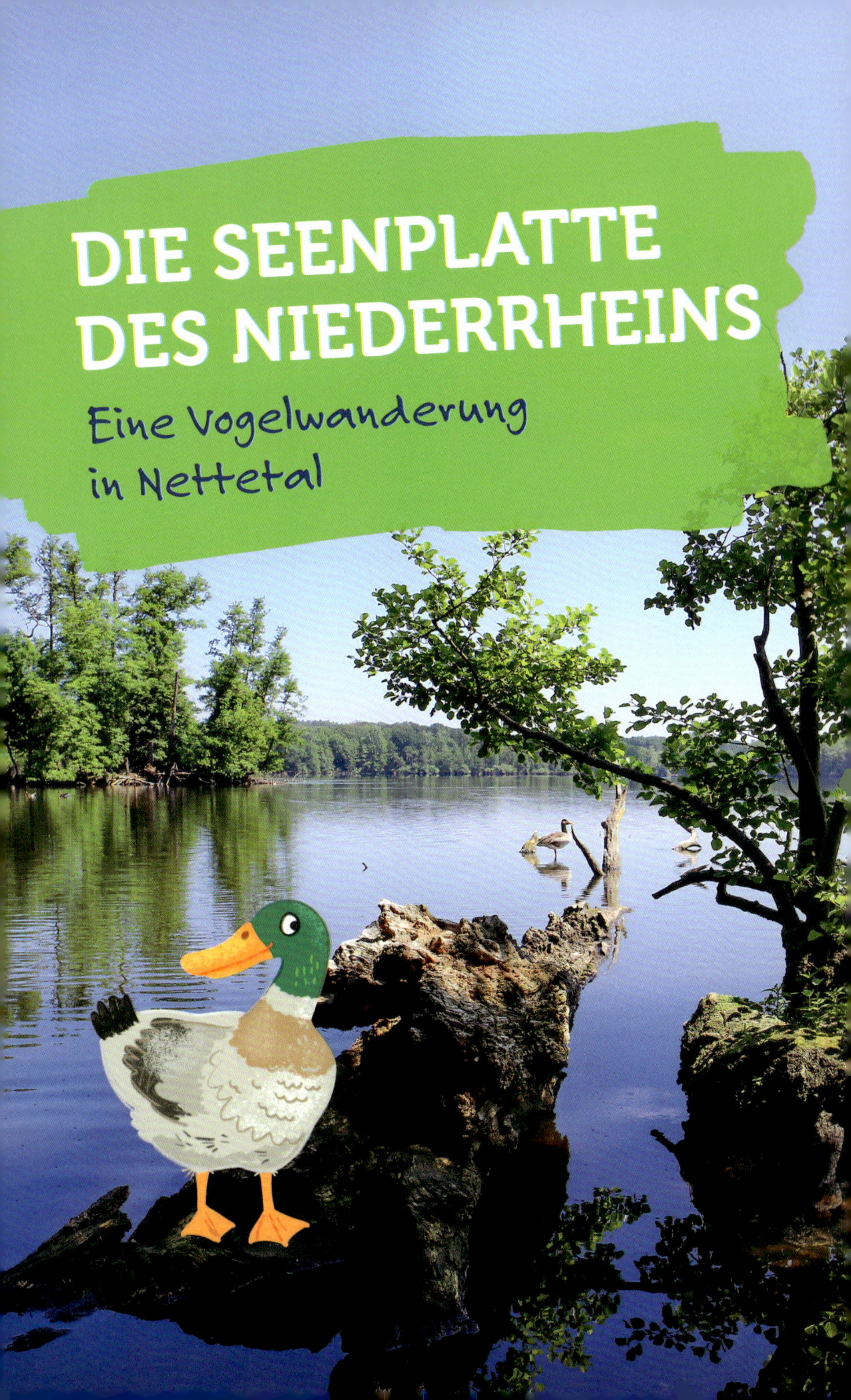

Gewandert am:

Das Wetter heute:

☐ ☐ ☐

Spaßfaktor: ☆☆☆☆☆

Natur pur wartet im Herzen des Naturparks Schwalm-Nette auf euch. Die längste Tour des Buches ist mit allen Abstechern und Möglichkeiten entlang des Wegs beinahe eine Tagestour. Gleich fünf Seen, die malerische Nette, unzählige Seitenarme, Moore und Wälder sind der ideale Lebensraum für unzählige Tier- und Pflanzenarten.

TOUR 3

ca. 5 Std. | ca. 12,5 km | 40 m

Start/Ziel: Nettetal

Anreise mit ÖPNV: Bushaltestelle Nettetal Hinsbeck Schlöp (Linie 095). Von dort sind es ca. 10 Minuten bis zum Parkplatz an der Leuther Mühle.

Anreise mit Pkw: Wanderparkplatz Hinsbecker Straße an der Leuther Mühle

Wegbeschaffenheit: Überwiegend naturbelassene Wege, wenig Asphalt

Wegbeschreibung: Vom Wanderparkplatz Leuther Mühle aus folgt ihr der Wegbeschilderung „Leuther Mühlen-Pfad" Richtung Norden. Vorbei an einem Rehgehege führt der Weg vorbei an Wiesen, Feldern und durch den Wald. Immer wieder könnt ihr einen ersten Blick aufs Wasser erhaschen, aber zwischen Nette und dem Schroliksee, dem ersten der vier Krickenbecker Seen auf der Tour, liegt immer noch viel Natur.

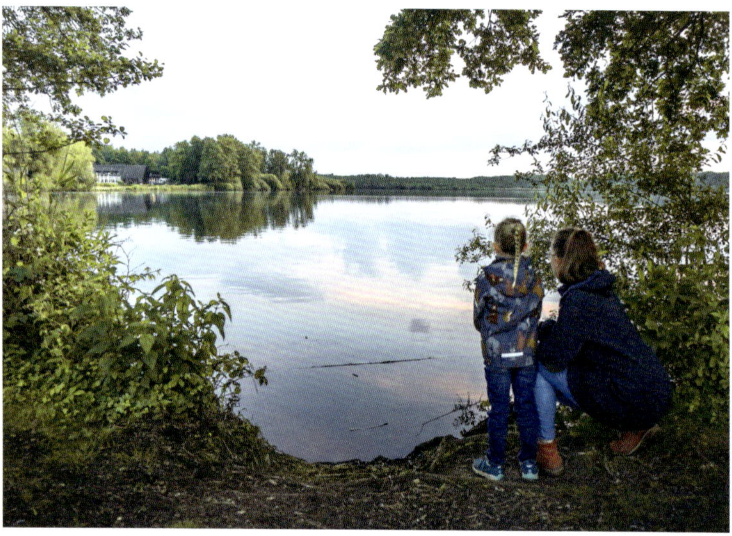

Nehmt euch etwas Zeit für Tierbeobachtungen an den Seen – es lohnt sich!

Nach rund 2,5 Kilometern gibt es einen kleinen Angelsteg, der euch einen wunderschönen Blick auf den Schroliksee schenkt. Von weichem Waldboden wechselt der Untergrund nun für einen Kilometer auf Asphalt. Links könnt ihr ein paar Blicke auf Schloss Krickenbeck erhaschen. Das über 900 Jahre alte Wasserschloss ist heute in Privatbesitz und wird als exklusive Eventlocation vermietet. Besichtigt werden kann es leider nicht.

Die schmale Straße verläuft nun weiter genau zwischen dem Glabbacher Bruch und dem Hinsbecker Bruch. Wasser, soweit das Auge reicht, dazu jede Menge Bäume, die die Kulisse links und rechts einrahmen. Am Seeufer gibt es immer wieder Bänke, oder ihr wählt einen trocknen Ort am Ufer für ein kleines Picknick aus.

Tipp

Auf der anderen Seite des Sees ist die Biologische Station Krickenbecker Seen ein spannender Zwischenstopp für Kinder ab dem Vorschulalter. Ein großes Landschaftsmodell der Region zeigt die Lebensräume von Tieren und Pflanzen. Ihr lernt anschaulich, wie die Krickenbecker Seen entstanden sind und wie sich aus dem ehemaligen Torfabbaugebiet eine der artenreichsten Regionen am Niederrhein entwickeln konnte. Besonders spannend ist ein Hör-Memory: Anhand von Geräuschen in einem abgedunkelten Raum müsst ihr die passenden Tiere erraten. Auch eine Fühlkiste, Tastmodelle, verschiedene Filme und Mikroskope geben spannende Einblicke.
Werft vor eurer Tour am besten einen Blick in den spannenden Veranstaltungskalender der Biologischen Station. Regelmäßig gibt es kostenfreie Führungen z. B. rund um Pflanzenarten, Fledermäuse, Vogelkunde und vieles mehr. Wie unterscheiden sich Kröten und Frösche? Was kann man aus den Pflanzen am Wegesrand alles herstellen? Wie kann man Tierspuren erkennen und verfolgen?

Infozentrum der Biologischen Station Krickenbecker Seen,
Krickenbecker Allee 36, 41334 Nettetal,
mehr Informationen unter www.bsks.de.

Vom Naturzentrum aus führt der Weg weiter nach rechts und dann immer der Beschilderung „De Wittsee" nach. Ihr wandert durch den Wald, vorbei an Wiesen und Pferdekoppeln. Für wenige Meter geht es entlang der Hinsbecker Straße, bevor der Weg nach links abzweigt auf den sogenannten Seenverbindungsweg. Typisch niederrheinische Feuchtwiesen zeigen einmal mehr, dass das Wasser hier nirgendwo weit weg ist. Der Weg führt uns nach rechts, vorbei an einem kleinen Froschweiher und dann direkt wieder links, wo ihr nach wenigen Metern an unserem liebsten Aussichtspunkt der Region steht. Der Blick an der Nette-Brücke vorbei an Bäumen und Wasser auf den De Wittsee hat etwas märchenhaftes. Hier auf der Bank bietet sich ideal ein kleines Picknick an.

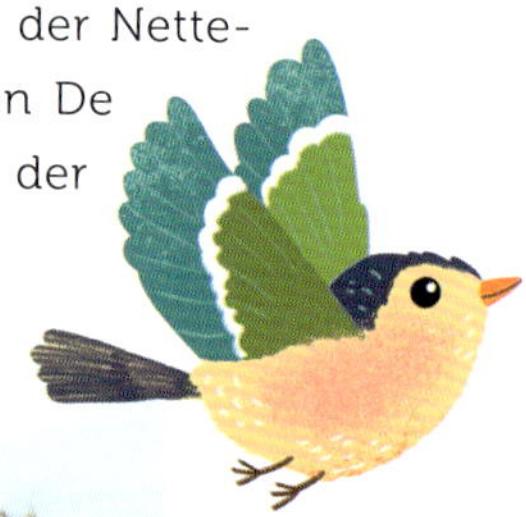

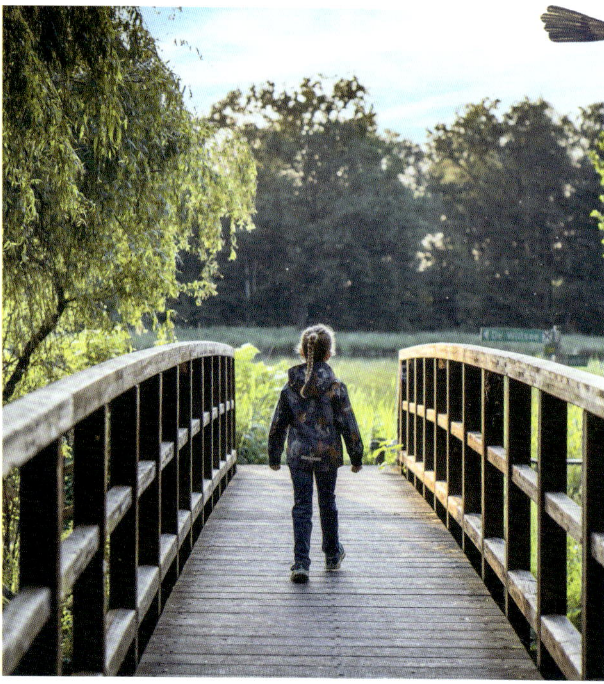

Eine der schönsten Ecken der Tour: das nördliche Ende des De Wittsees.

Am Weg

NABU NATURSCHUTZHOF

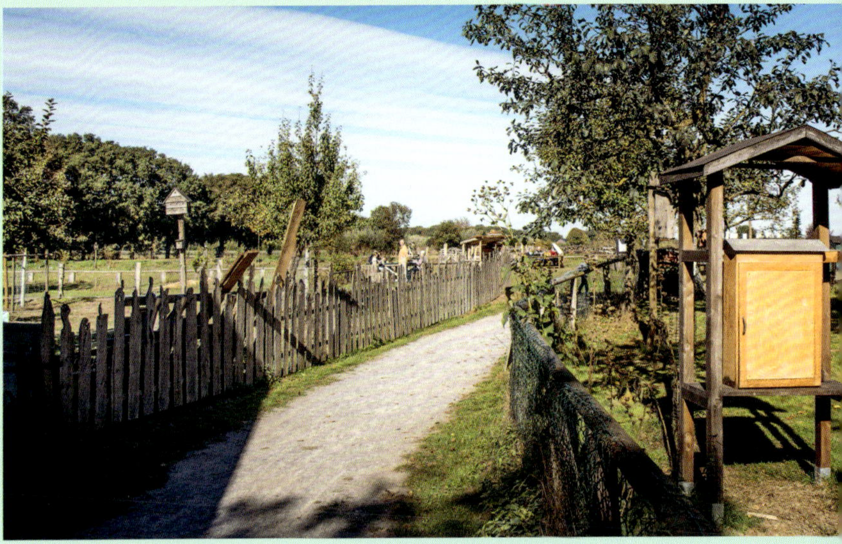

Auf dem Weg um den De Wittsee herum erreicht ihr nach wenigen hundert Meter den NABU Naturschutzhof. Blumen- und Streuobstwiesen, ein Gemüse-, Duft- Kräuter- und Naschgarten, Bienenstöcke und viele Schautafeln vermitteln spannendes Naturwissen. Der Naturschutzhof ist barrierefrei und ganzjährig zugänglich.
NABU Naturschutzhof, Sassenfeld 200, 41334 Nettetal,
mehr Informationen: www.nabu-krefeld-viersen.de

Auf dem weiteren Weg haltet ihr euch immer rechts, bis der Weg in Richtung der langen Brücke über den Großen und Kleinen De Wittsee abzweigt. Auf der anderen Seite des Sees folgt ihr dem Weg nach rechts in den Erlenbruchwald.

Am Weg

TORTUGA MINIGOLFPLATZ

Nur wenige Meter weiter wartet mit dem Tortuga Minigolfplatz noch einmal Action auf euch. 18 einzigartig angelegte Bahnen nehmen euch mit in die Welt der Piraten und Seefahrer. Ihr müsst Schatzkammern öffnen, Seeungeheuer bezwingen und Wasserhindernisse überwinden. Im kleinen Imbiss könnt ihr euch anschließend die wohlverdiente Stärkung gönnen.

Tortuga Adventure Golf, Am Witt-See 22, 41334 Nettetal, mehr Informationen unter www.tortuga-adventure-golf.de

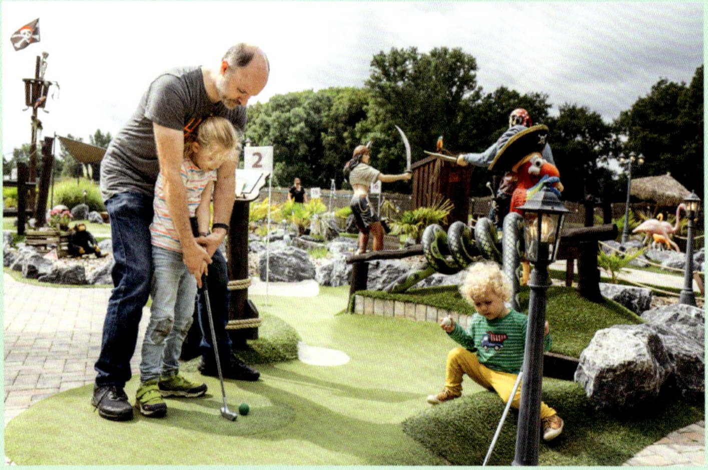

Arrr! Minigolf wird am De Wittsee zum Piraten-Abenteuer.

Direkt am Wasser entlang führt euch der Weg zurück zur Brücke über den De Wittsee, an dem wir zuvor unseren Lieblings-Picknickplatz besucht haben. Nun folgt ihr dem Weg Richtung Rohrdommelprojekt und Leuther Mühle. Auf schmalen Pfaden ist es nicht weit bis zum Vogelbeobachtungsturm.

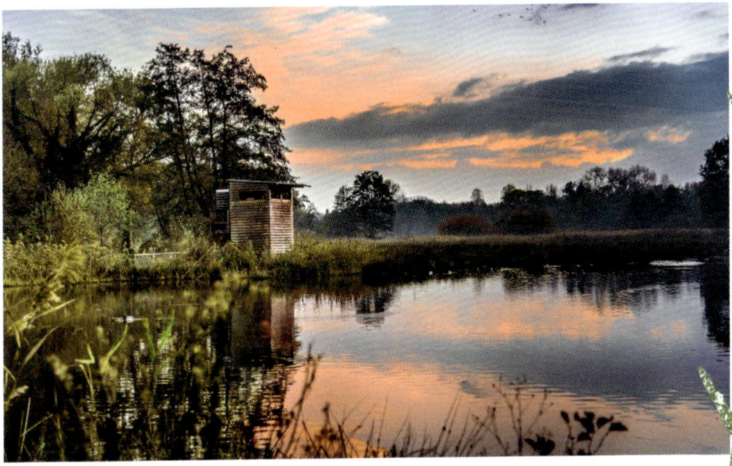

Vom Vogelbeobachtungsturm genießt ihr eine tolle Aussicht.

Unzählige Vögel haben sich in diesem renaturierten Abschnitt wieder angesiedelt, unter anderem auch die vom Aussterben bedrohte Rohrdommel. Die letzten Meter dieser Runde schlängeln sich malerisch an der Nette entlang, bevor ihr den Wanderparkplatz Leuther Mühle erreicht.

Info

Die Tour lässt sich ideal in eine nördliche und eine südliche Schleife teilen. Für die Runde um die vier Krickenbecker Seen kürze ihr am Ende an der Hinsbecker Straße ab und folgt geradeaus dem Weg zurück zur Leuther Mühle. Für die südliche Tour wandert ihr ab der Leuther Mühle Richtung De Wittsee und nehmt nach der Seeumrundung dieselbe Strecke zurück zum Parkplatz.

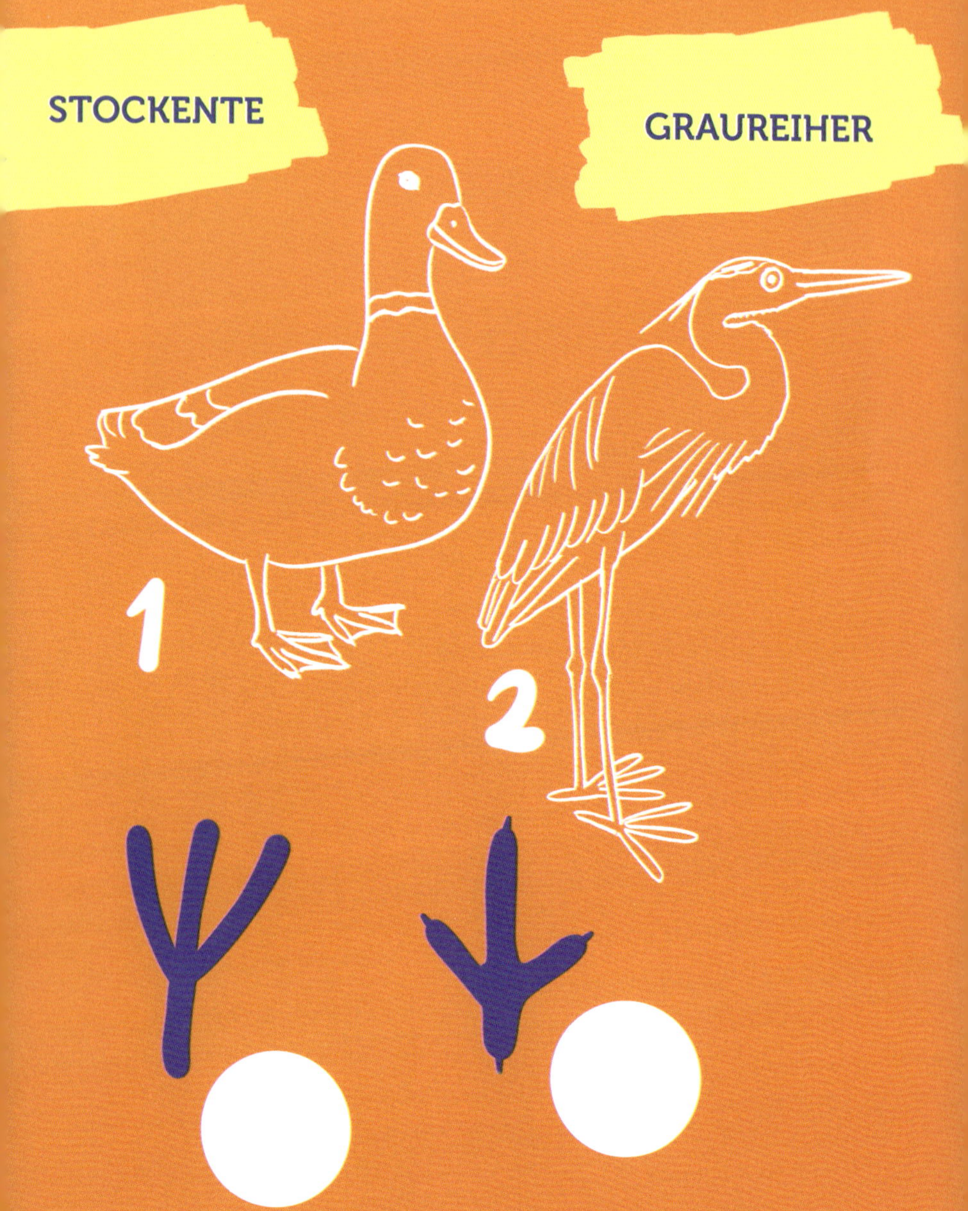
STOCKENTE
GRAUREIHER
1
2

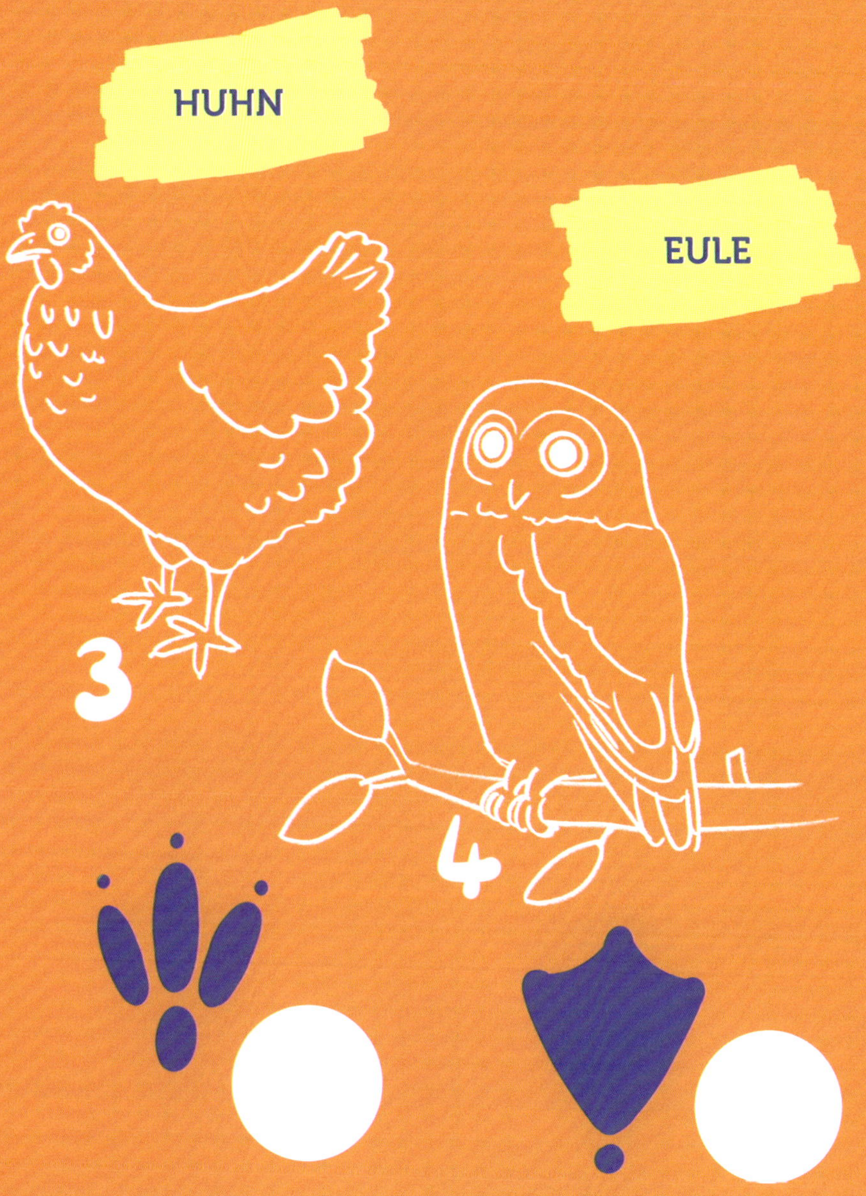

Alle Vögel haben einen Schnabel und zwei Füße. Aber wusstet ihr, dass die Spuren ganz unterschiedlich aussehen? Könnt ihr die Fußabdrücke den Vögeln zuordnen?

TOUR 3

Startpunkt

Zielpunkt

Parkplatz

Haltestelle

Spiel & Spaß

Gastronomie

Burgen/
Schlösser/
Historische Orte

Naturerlebnis

Aussichtspunkt

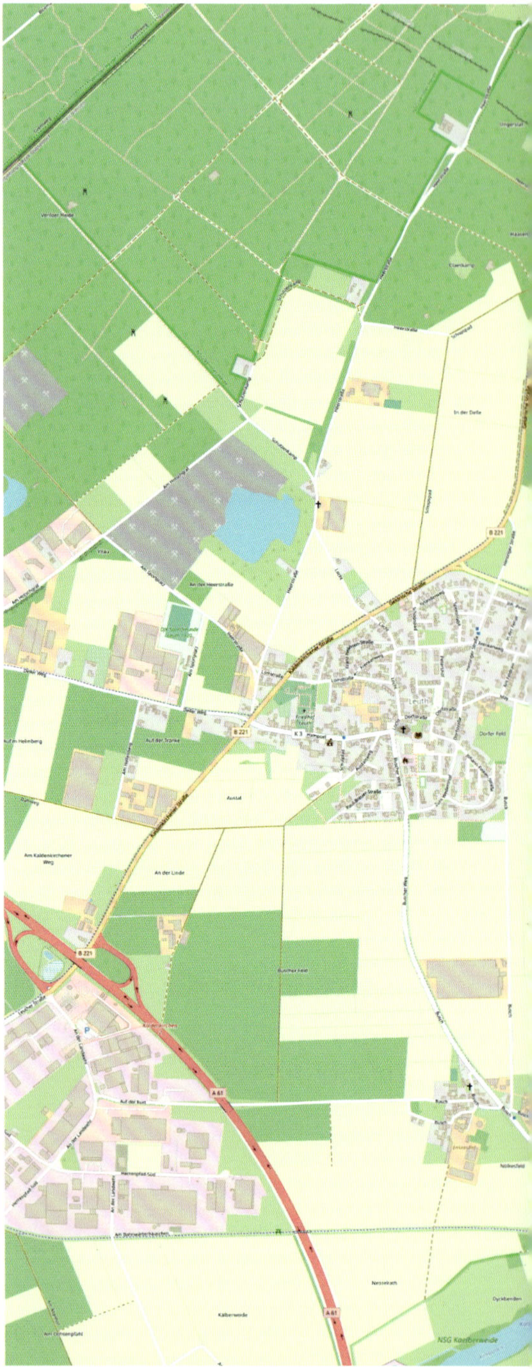

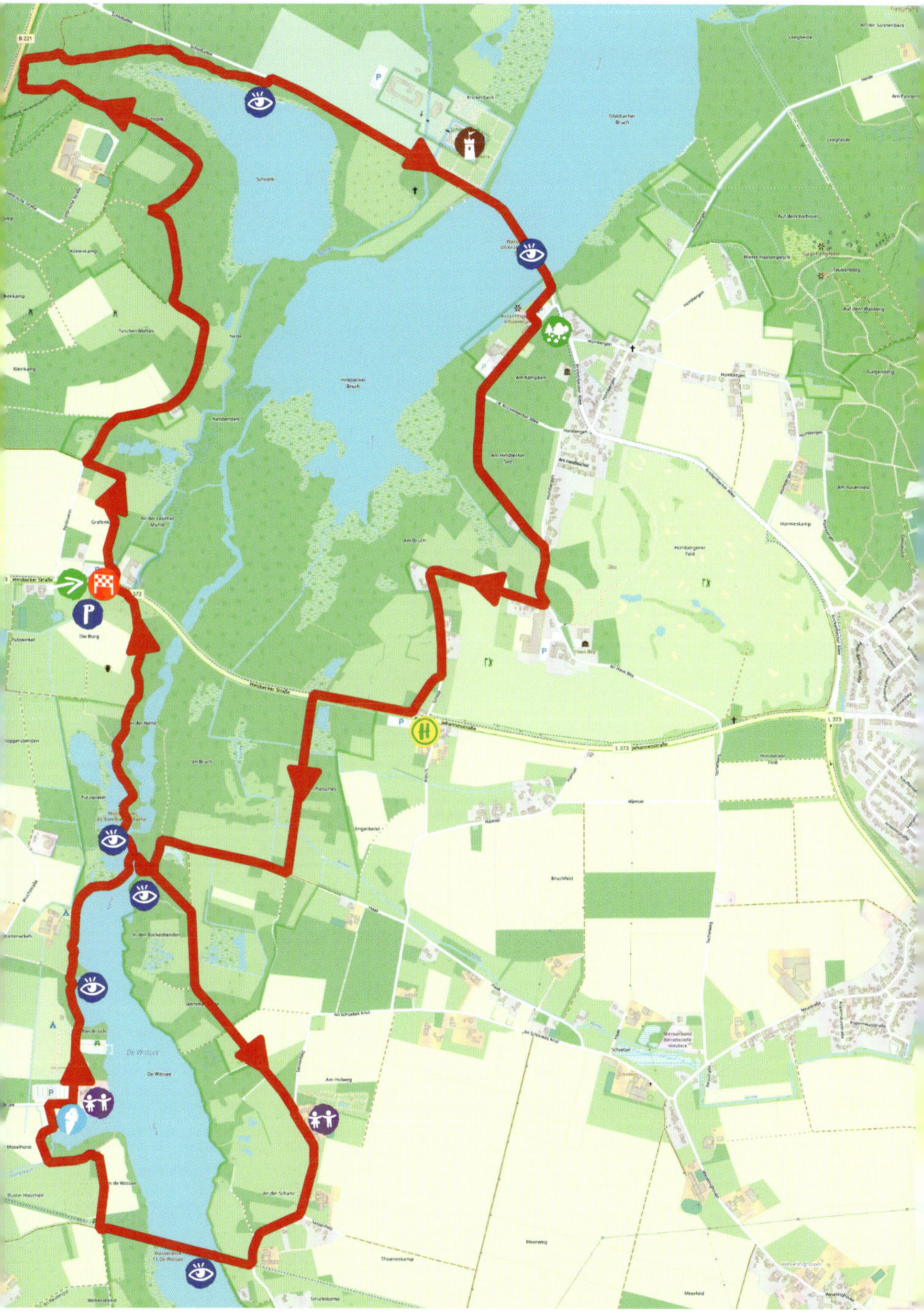

DURCH DEN DSCHUNGEL AM HÜLSER BERG

Wandern in Krefelds grünem Norden

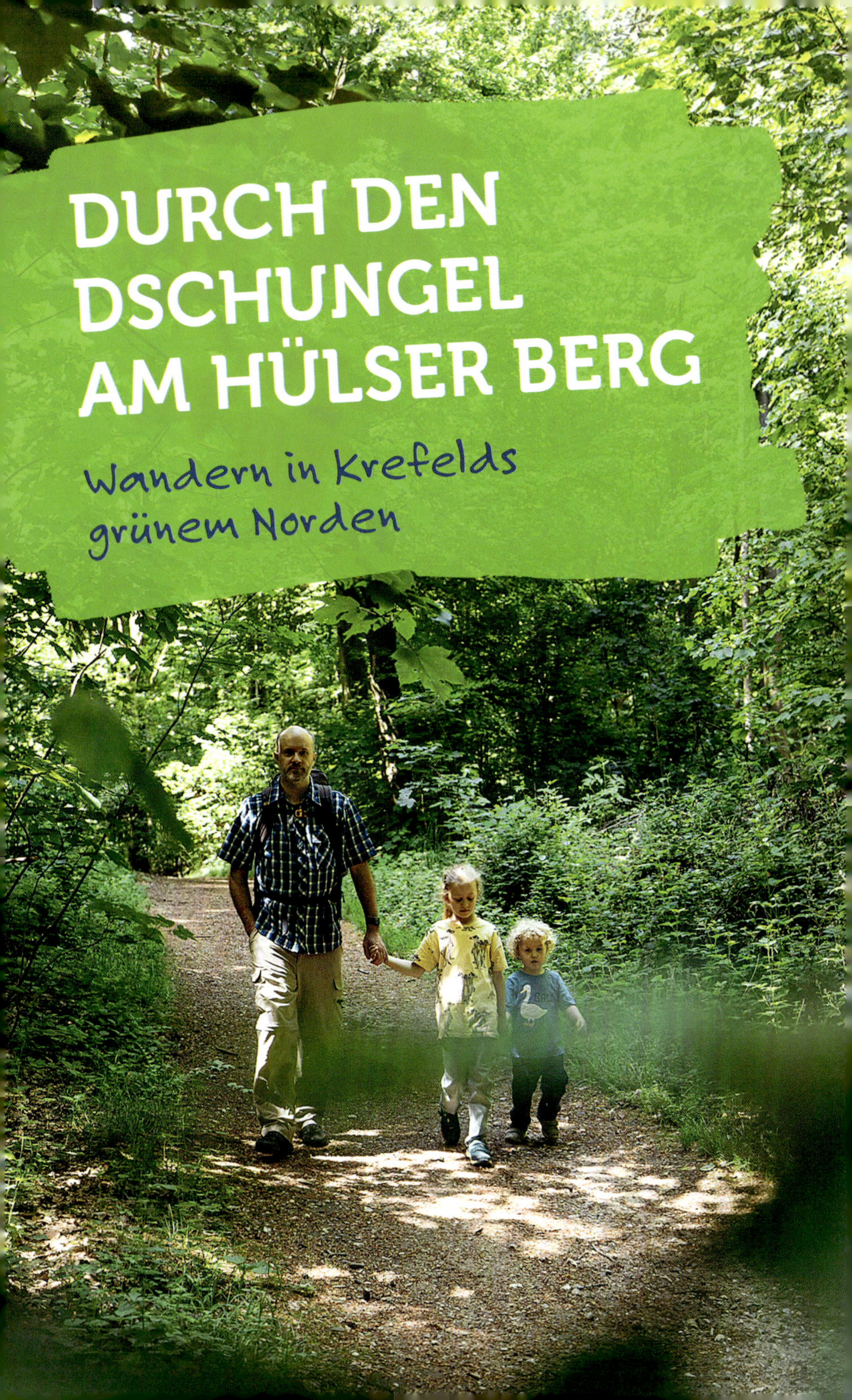

Gewandert am:

Das Wetter heute:

☐ ☐ ☐

Spaßfaktor: ☆☆☆☆☆

Wir wandern gerne nach echten Karten oder auch klassischer Beschilderung. Aber für diese Tour empfehlen wir euch unbedingt den GPX-Track zu nutzen. Denn während rund um den Hülser Berg viele gewöhnliche Waldwege führen, nehmen wir euch auf dieser Tour mit auf schmale, dicht bewachsene urige Pfade. Ihr klettert durch alte Betonröhren, lauscht Baumgitarren und sucht Rehe, Hirsche und Wildschweine. Kinderwagen und Laufrad? Bleiben hier auf jeden Fall zu Hause. Auf geht's in ein grünes Abenteuer für alle Sinne.

TOUR 4

ca. 3 Std. | ca. 6 km | 40 m

Start/Ziel: Hülser Bergschänke

Anreise mit ÖPNV: Die Bushaltestelle „Krefeld Hülser Berg" (Buslinie 060) liegt etwa 1 Kilometer vom Start an der Bergschänke entfernt. Alternativ könnt ihr die Tour anders gestalten und direkt am daneben gelegenen Umweltzentrum einsteigen.

Anreise mit Pkw: Vor der Hülser Bergschänke (Rennstieg 1, 47802 Krefeld) ist ein großer Parkplatz.

Wegbeschaffenheit: Naturbelassene Wege und nur wenige Meter Asphalt

Wegbeschreibung: Eine große Herausforderung wartet auf die Großen gleich zu Beginn der Tour: die Kleinen davon zu überzeugen, dass der Waldspielplatz direkt an der Hülser Bergschänke erst nach der Tour erobert wird. Aber versprochen: Das erste Highlight wartet bereits nach wenigen Schritten auf euch – und es geht direkt in schwindelerregende Höhen. Der 30 Meter hohe Johannesturm führt euch über 163 Stufen bis zu einer Aussichtsplattform, von der ihr den Blick über Krefeld bis ins Ruhrgebiet schweifen lassen könnt. Wer Höhenangst hat, sollte lieber unten bleiben, denn auf der obersten Plattform schwankt es konstruktionsbedingt immer ein wenig. Am Turm vorbei folgt ihr dem Weg weiter geradeaus in den

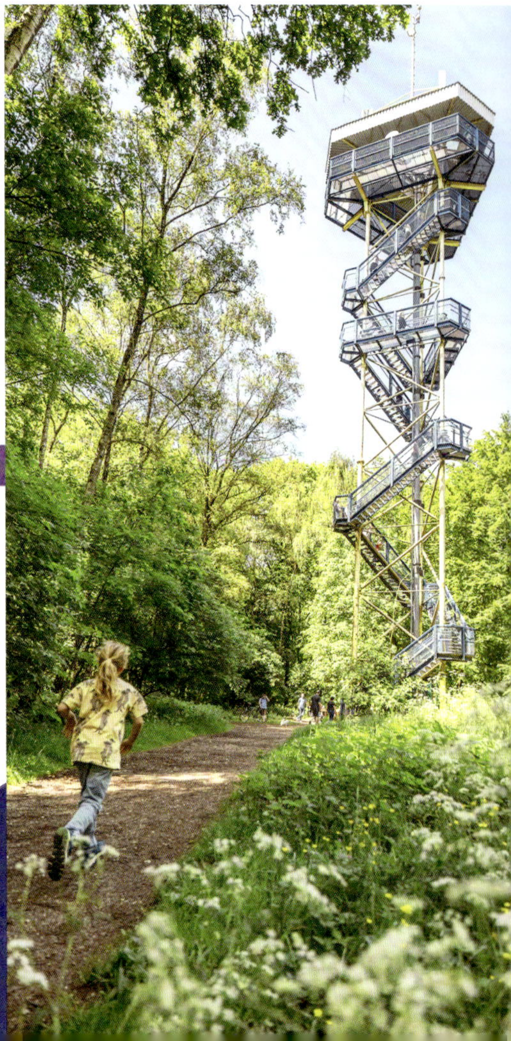

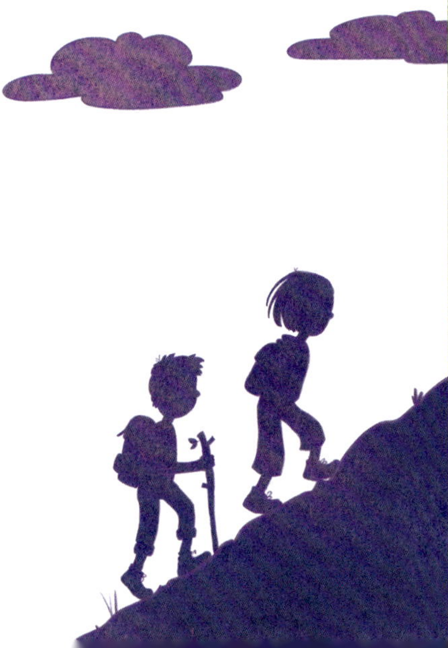

Wald hinein Richtung Osten. Leicht bergab geht es hier vorbei am Standortschild Nr. 326 über den Heinrich-Gallhoff-Weg bis zu Eremitenquelle.

Am Weg

EREMITENQUELLE

Die sagenumwobene Quelle wurde Anfang des 20. Jahrhunderts in Stein eingefasst. Über ein paar Treppenstufen gelangt ihr bis zum kleinen Metallröhrchen, aus dem inzwischen sogar wieder Wasser sprudelt. Über viele Jahre war die Quelle versiegt. Wahrscheinlich haben die starken klimabedingten Regenfälle der letzten Zeit dazu geführt, dass wieder Wasser aus dem kleinen Röhrchen in der Steinmauer fließt. Aber Moment mal: Wieso gibt es hier auf einem Berg überhaupt eine Quelle? Bei der Entstehung des Hülser Bergs in der letzten Eiszeit wurde eine Tonschicht mit nach oben gedrückt. Ton ist wasserundurchlässig. Niederschlag versickert, aber kommt durch die Tonschicht nicht hindurch und tritt hier an der Eremitenquelle nach draußen.

Weiter geht es in den Süden des Hülser Bergs zum Rotwildgehege, wo ihr verschiedene Hirsche bestaunen könnt. Am Gehege entlang folgt ihr dem Weg bergab und zweigt dann rechts in einen schmalen dicht bewachsenen Pfad ab. Nun geht es auch leicht bergauf, aber dank der vielen Wurzeln und des abenteuerlichen Wegs merken das weder die großen noch die kleinen Füße. Immer kommt ihr auch an kleinen tipiförmigen Ast-Häusern vorbei. Ein kurzes Stück geht es entlang des Reitwegs, dann scharf links und am Ende wieder scharf rechts hinauf Richtung Wildschweingehege. Danach geht es wieder den Berg hinab und weiter zum Damwildgehege.

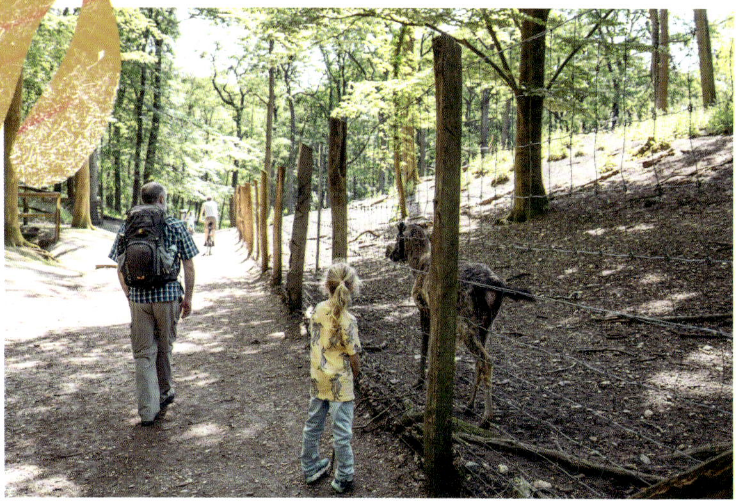

An den großen Tiergehegen gibt es viel zu beobachten.

Die Rehe begleiten euch ein Stück am Zaun entlang, bevor ihr an der Holzbank rechts abzweigt und weiter am Damwildgehege den Berg hinauf geht. Wenige Meter später folgt ihr dem Weg nach links und gelangt zu einem etwas steileren Abstieg. Orientiert euch am Radwanderschild Richtung Bahnhof Hülser Berg bzw. Umweltzentrum, kreuzt den Hohlweg und geht geradeaus für ca. 250 Meter über den Talring. Bevor Langweile aufkommt, gibt's hier eine Suchaufgabe: „Wo ist die kleine Lücke am rechten Rand, die uns zurück in den Wald führt?" Wenn sie gegenüber der Wiese gefunden ist, geht es über einen schmalen Waldweg hinauf, für etwa 100 Meter durch dicht bewachsenen Wald und dann über eine recht steile Naturtreppe hinunter auf eine offene Wiese.

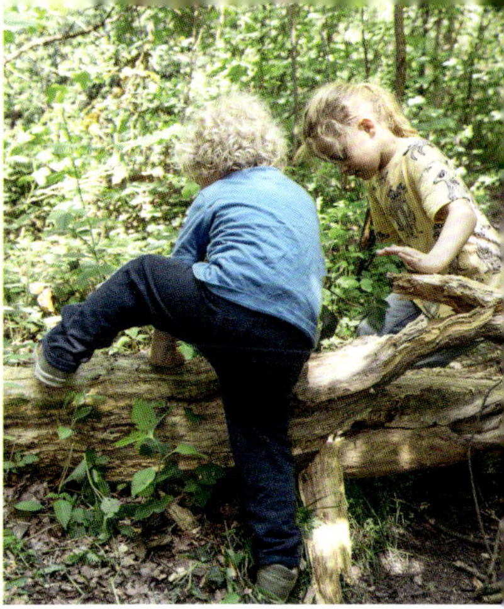

Ein umgestürzter Baum ist immer ein Abenteuer.

Auf dem Weg zum Umweltzentrum entdeckt ihr erste Spuren der Röhrenlandschaft. Bis in 1980er Jahre hinein wurde durch die Zementfabrik Carstanjen am Hülser Berg Kies und Sand abgebaut. Die Röhren erinnern an die gewaltigen Arbeiten und werden heute von der Natur zurückerobert. Dicht bewachsen mit Moosen und durchsetzt von Sträuchern sind sie längst zum Rückzugsort für kleine Tiere und Insekten geworden. Denn an warmen Tagen heizen sich die Betonröhren so sehr auf, dass sie z. B. Eidechsen Wärme spenden können.

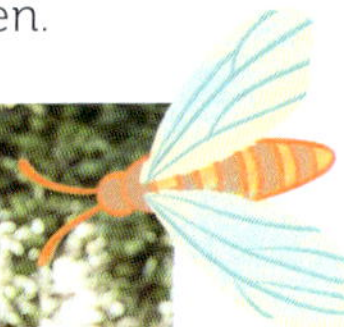

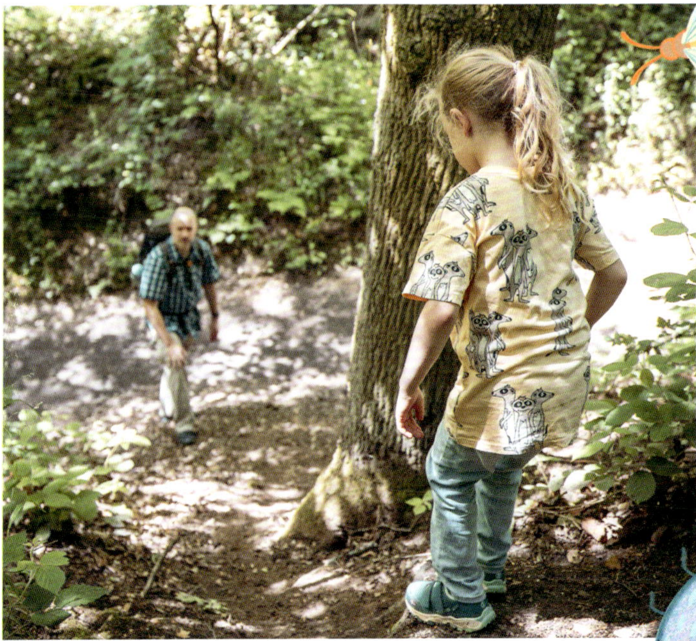

So manche steile Abkürzung macht den Weg für Kinder noch interessanter.

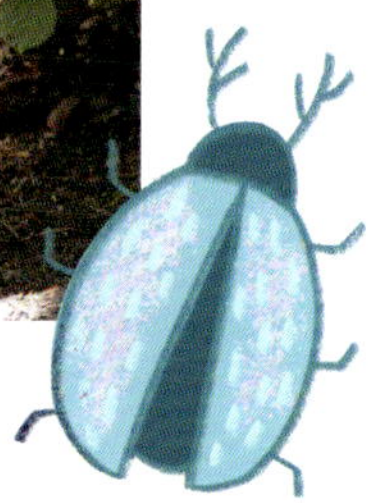

Am Weg

KREFELDER UMWELTZENTRUM

Der Weg führt euch direkt zum Krefelder Umweltzentrum, wo es nicht nur reichlich zu entdecken gibt, sondern auf den Streuobstwiesen findet ihr auch herrliche schattige Plätze für ein ausgiebiges Picknick. Am Naturteich könnt ihr im Wasser und am Schilf jede Menge Tiere und Pflanzen beobachten. Der Barfußpfad ist für große und kleine Füße eine willkommene Abwechslung. Duft- und Kräuterbeete schärfen eure Sinne – viele Gerüche kennt ihr ganz bestimmt und es ist doch schwer sie genau zu benennen. Ganz besonders spannend ist der Klanggarten: verschiedene Hörrohre, eine lebensgroße Baumgitarre oder das Holzxylophon laden zum Experimentieren ein.

Krefelder Umweltzentrum, Talring 45, 47802 Krefeld,
mehr Informationen: www.kbk-krefeld.de/umweltzentrum

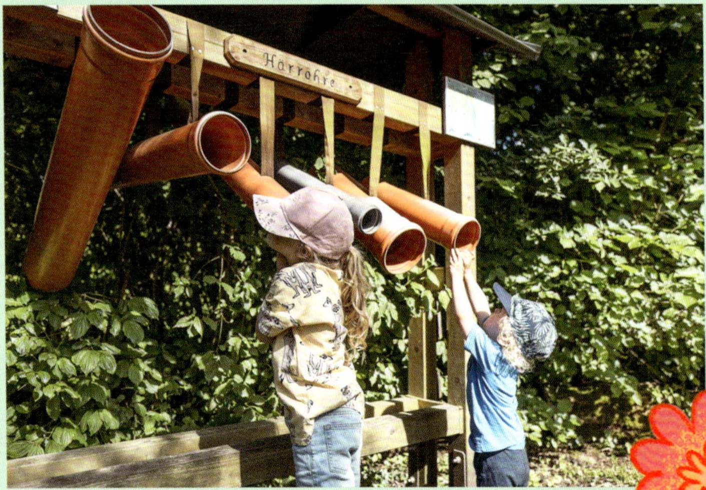

Spannende Experimente und Mitmachstationen warten im Umweltzentrum auf euch.

Tipp

Auf der Rückseite des Umweltzentrums lohnt ein kleiner Abstecher zur Wood Art Gallery. Im Sommer 2015 haben Street-Art-Künstler aus aller Welt die Betonrohre und übriggebliebene Fassaden der Zementfabrik Carstanjen künstlerisch gestaltet. Noch heute sind viele Kunstwerke sehr gut erhalten.

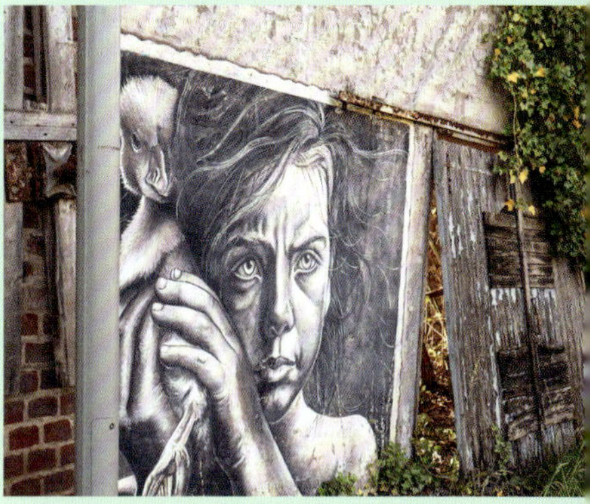

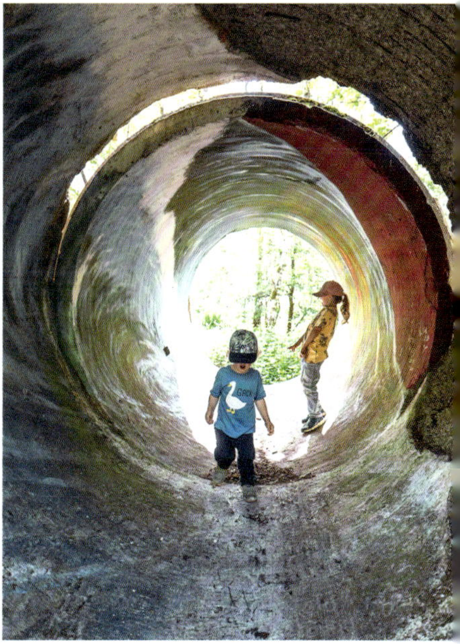

Nach dem Besuch im Umweltzentrum folgt ihr dem Weg nach rechts (betrachtet aus der Richtung, aus der ihr gekommen seid) und entdeckt noch weitere Röhrenkonstruktionen, die durch Natur oder Street Art in einzigartige Kunstwerke verwandelt wurden.
Auf der anderen Seite der großen Wiese geht es zurück zur steilen Naturtreppe und von dort oben links durch den Wald Richtung Rennstieg. Ihr haltet euch rechts, überquert wieder den Hohlweg und lauft zurück bergan über schmale Wege zurück zur Bergschänke.

Die riesigen Betonröhren sind eine aufregende Abwechslung zwischen all den Bäumen und Sträuchern.

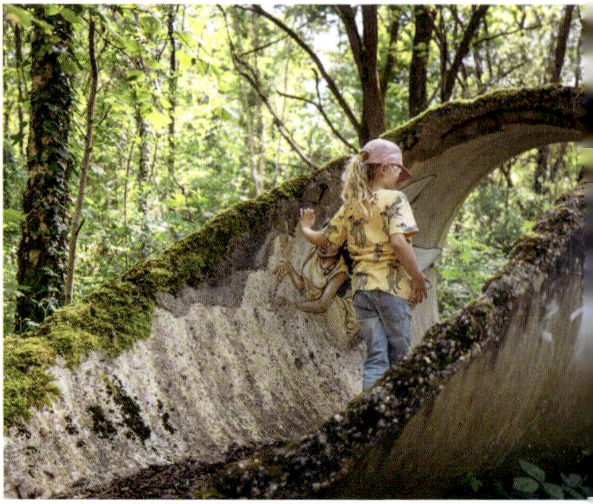

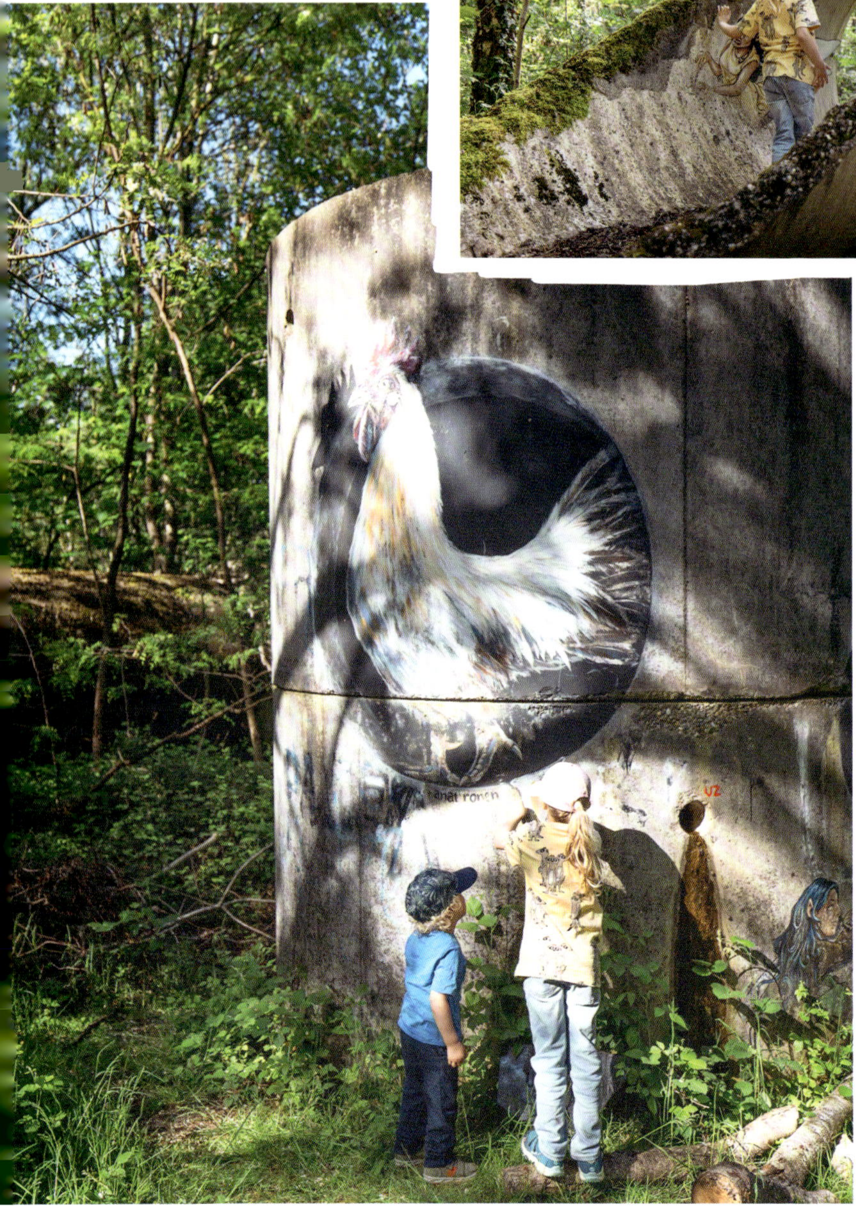

Nicht nur die Röhren, auch die Street Art will entdeckt werden.

Gastronomie

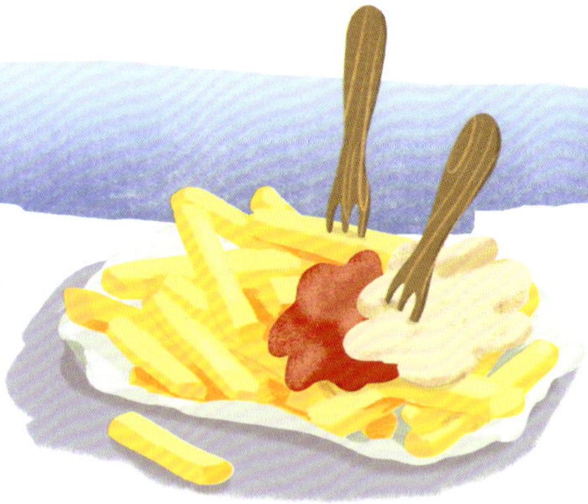

Im gemütlichen Biergarten habt ihr euch eine Stärkung verdient und die Kinder werden mit Sicherheit den Spielplatz direkt davor endlich erobern – egal wie viel Kilometer schon in den kleinen Füßen stecken.
Hülser Bergschänke, Rennstieg 1, 47802 Krefeld,
mehr Informationen unter www.huelser-bergschaenke.de

Tipp

SCHLUFF

Immer sonntags von Mai bis Ende September könnt ihr nostalgisch zum Hülser Berg reisen. Von St. Tönis über Krefeld Nordbahnhof bis zum Hülser Berg fährt Krefelds rollendes Denkmal, der Schluff. Mit der historischen Dampflok Graf Bismarck XV wird euer Ausflug um ein besonderes Highlight erweitert. Der Schluff-Bahnhof liegt unweit des Krefelder Umweltzentrums, wo ihr auf die beschriebene Wandertour einsteigen könnt.
Schluff Haltestelle Hülser Berg, Talring 116, 47802 Krefeld,
mehr Informationen unter www.schluff-krefeld.de

WALDBINGO

Auf der rechten Seite seht ihr verschiedene Dinge, die man im Wald finden kann. Haltet bei eurer Wanderung die Augen offen und kreuzt an, was ihr unterwegs gesehen habt!

Wenn ihr noch mehr spannende Tiere oder Pflanzen entdeckt habt, könnt ihr sie hier aufmalen:

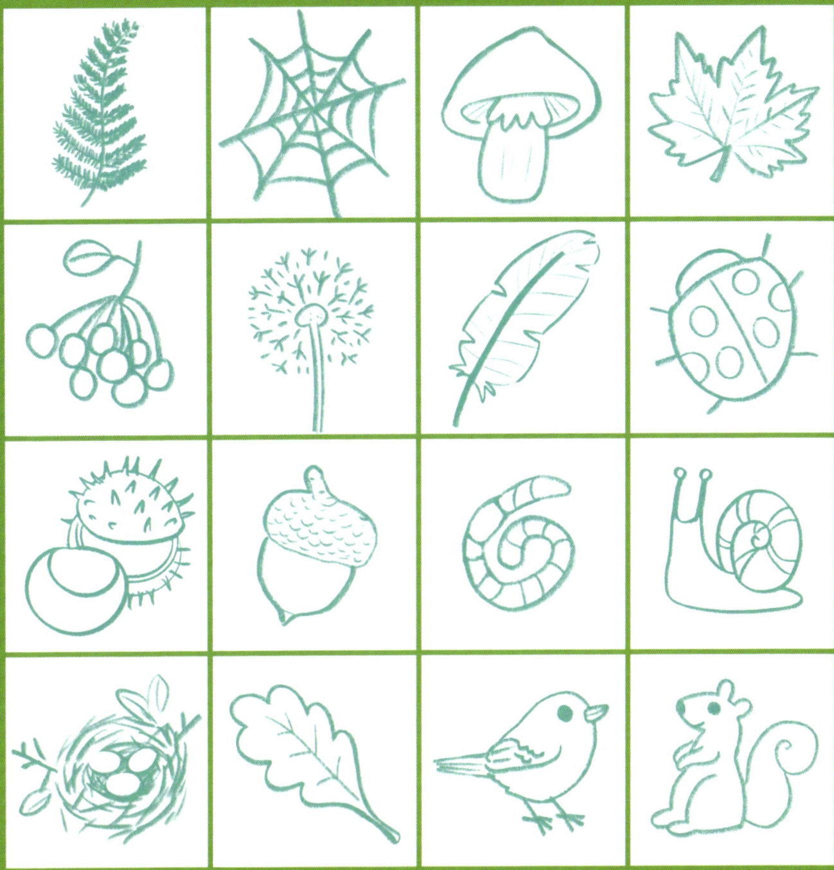

TOUR 4

- Startpunkt
- Zielpunkt
- Parkplatz
- Spiel & Spaß
- Gastronomie
- Burgen/ Schlösser/ Historische Orte
- Naturerlebnis
- Aussichtspunkt

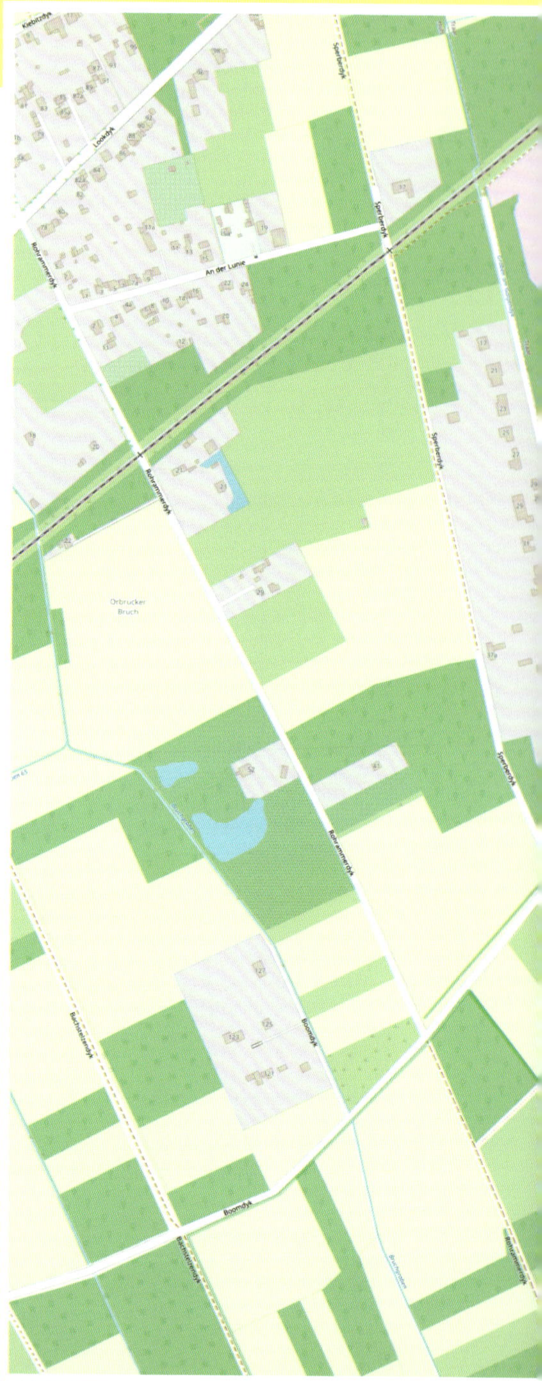

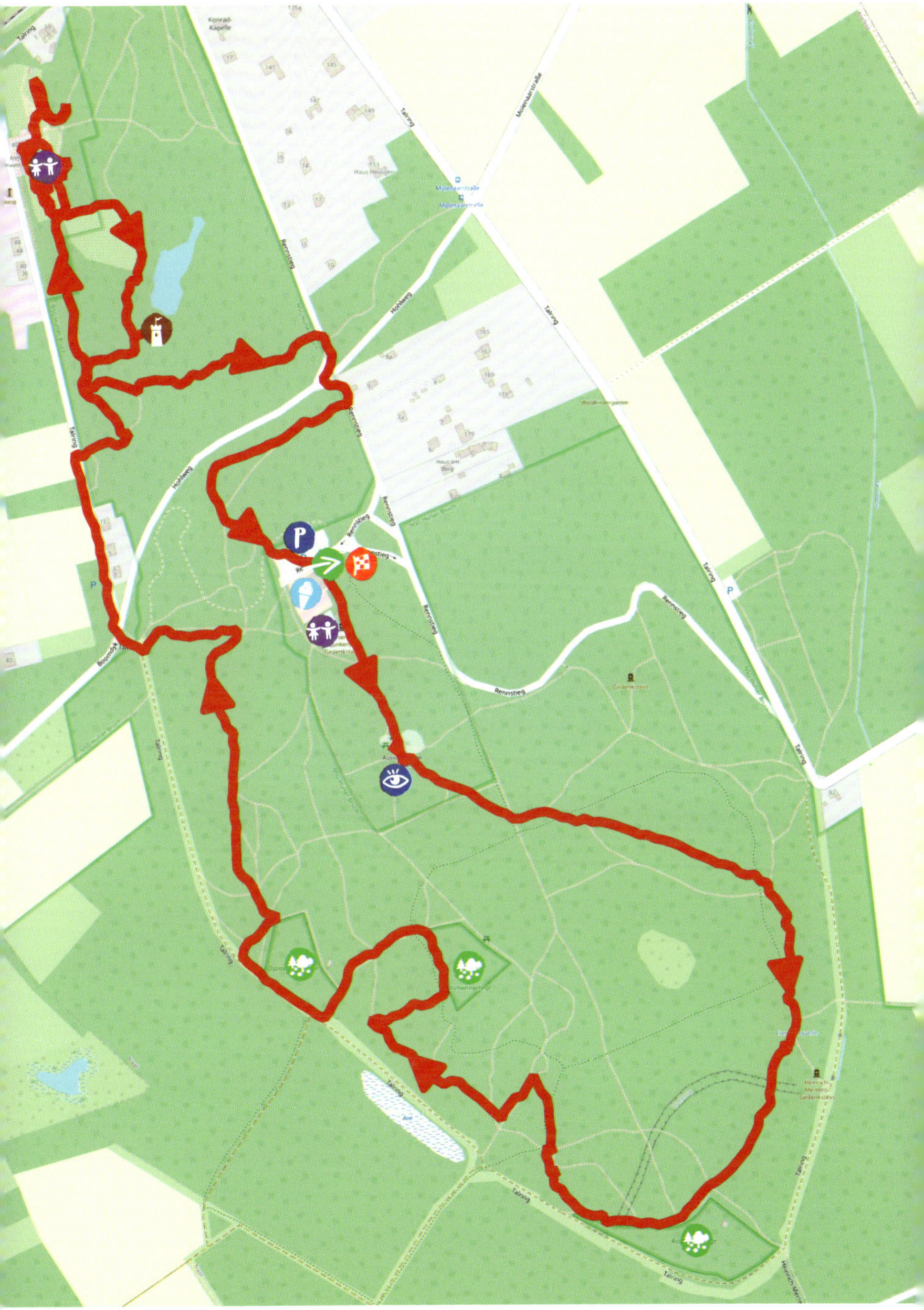
Konrad-Kapelle
Talring
Rennstieg
Hohlweg

ABENTEUER AUF DER KLEINEN ACHT

Zwischen Nette und Niers in Wachtendonk

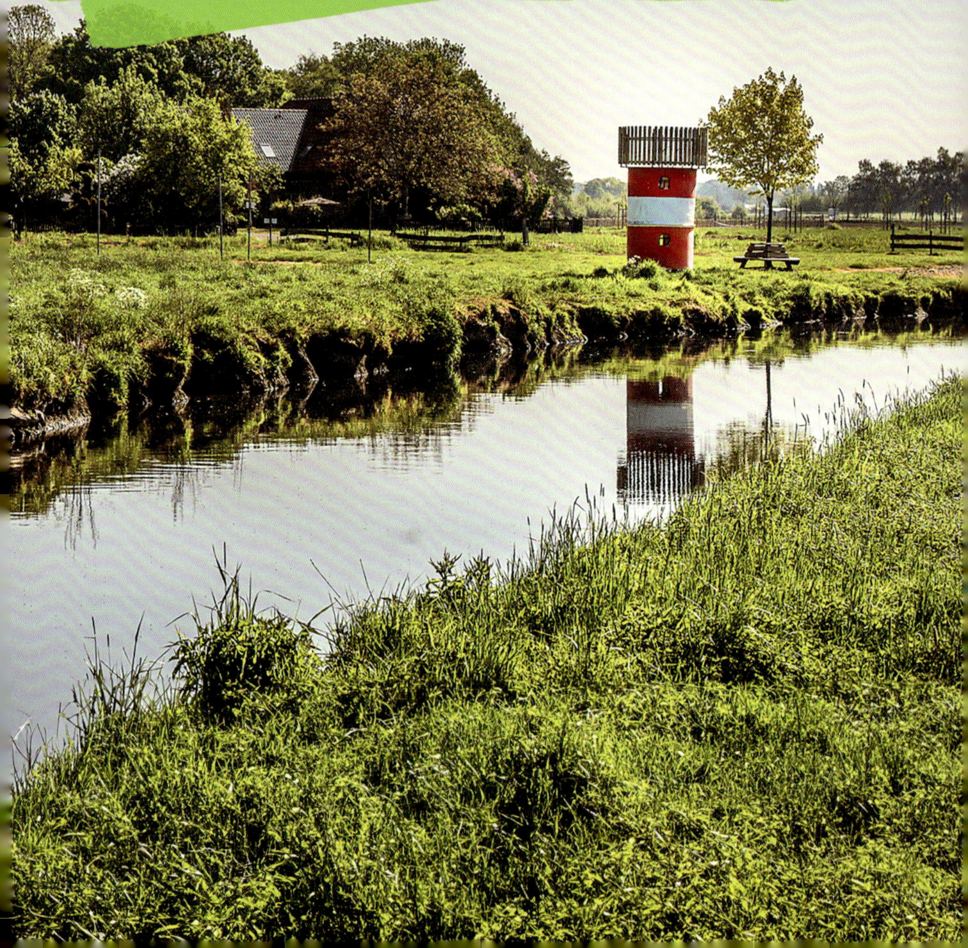

Gewandert am:

Das Wetter heute:

☐ ☐ ☐

Spaßfaktor: ☆☆☆☆☆

In Wachtendonk erleben wir den Niederrhein im Kleinformat: eine zauberhafte Altstadt mit malerischen Gassen, die sich schlängelnde Niers, naturnahe Pfade umgeben von Kopfweiden und natürlich den so typischen weiten Blick in die Ferne. Für Kinder bietet Wachtendonk neben Wassersport- und spaß vor allem den Ausflug zum Holleshof, einem der schönsten Abenteuerspielplätze am Niederrhein.

TOUR 5

ca. 1 Std. | ca. 4 km | 10 m

Start/Ziel: Friedensplatz in Wachtendonk

Anreise mit ÖPNV: Bushaltestelle Wachtendonk Friedensplatz (Buslinie 063 z. B. vom Bahnhof Kempen)

Anreise mit Pkw: Kostenfreie Parkplätze gibt es und um den Friedensplatz, 47669 Wachtendonk

Wegbeschaffenheit: Asphalt, Kopfsteinpflaster und naturbelassene Wege

Abstecher

Nördlich von Wachtendonk treffen die Niers und ihre kleine Schwester, die Nette, aufeinander. Der Weg dorthin führt uns zunächst vom Friedensplatz an der Niers entlang auf den Sebastianusweg. Wir biegen vor dem Friedhof nach rechts ab und dann nach links auf die Bergstraße. Nach etwa 80 Metern zweigen wir nach links ab und folgen dem Weg bis auf die andere Seite der Wankumer Straße. Für ein kurzes Stück laufen wir parallel zur Landstraße und folgen ab hier immer den Schildern Richtung Selbstbedienungsfähre bzw. Nette trifft Niers.
Nun führt uns der Weg wieder direkt an der Niers entlang. Spätestens, wenn Kinder die kleine Fähre auf der Niers sehen, sind sie vollends Feuer und Flamme für diesen Weg. Nette und Niers treffen etwa 200 Meter weiter aufeinander – ein netter Aussichtspunkt. Wie so oft im Naturpark Schwalm-Nette gibt es auch diesem sogenannten Wasserblick einen QR-Code zum Scannen, um spannende Hintergründe zu diesem Ort zu erfahren. Nun aber flugs zurück zur Fähre. Hier ist Muskelkraft gefragt und so viel sei gesagt: Wir sind unzählige Male hin und her gefahren. Die Niers ist hier nur wenige Meter breit und mit dem Kurbelrad bewegt man sich auf die andere Seite.

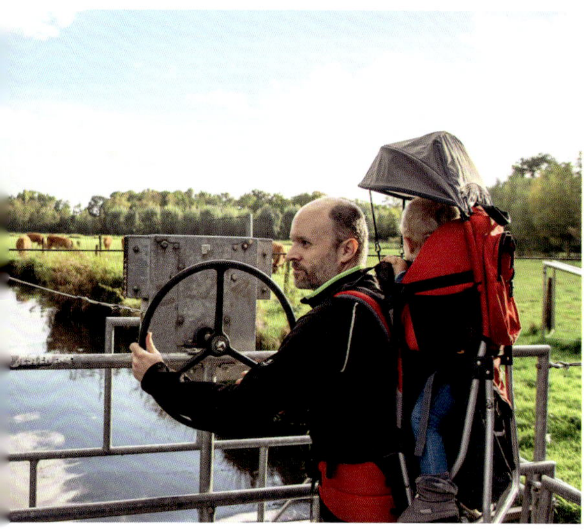

Auf der anderen Uferseite geht es nun weiter zu Fuß Richtung Nette und mal wieder direkt am Wasser entlang zurück Richtung Wachtendonk. Die Landstraße müssen wir noch einmal überqueren und wandern dann über den Steindeich und Achter de Stadt zurück zum Friedensplatz.

Wegbeschreibung:

Der historische Ortskern macht Wachtendonk zu einem der schönsten Städtchen am Niederrhein. Kein Wunder, dass dieses Wahrzeichen unter Denkmalschutz steht: Die Straßenführung in der Altstadt ist über 300 Jahre alt. Im Ortskern stehen 120 denkmalgeschützte Häuser, von denen fast jedes eine ganz besondere Geschichte hat.

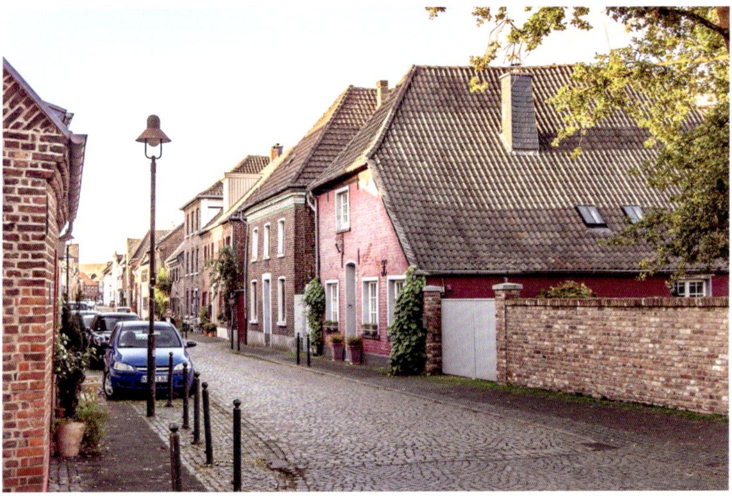

Wachtendonk wird euch mit einer zauberhaften Altstadt begeistern.

Wir starten vom Friedensplatz aus in die Feldstraße. Rechts liegt die Lohmühle, eine ehemalige Wassermühle aus dem 18. Jahrhundert, die vor knapp 130 Jahren zu einem Wohnhaus umgebaut wurde. Unser Weg führt uns weiter in die Kirchstraße, wo wir vorbei am alten Kloster „Thal Josaphat" und der Pfarrkirche St. Michael wandern. Durch die Klosterstraße und die Weinstraße steuern wir auf eines der ältesten Häuser der Stadt zu: Haus Püllen ist nicht nur dank seines barocken Doppelgiebels ein besonderer Blickfang. Fast 400 Jahre ist das Haus alt und war im Laufe der Jahrhunderte Schreinerei, Weinhandlung, Pfeifenfabrik und Diskothek. Heute ist hier das Informationszentrum für den Naturpark Schwalm-Nette.

Am Weg

NATURPARKZENTRUM WACHTENDONK

Zum Naturparkzentrum im Haus Püllen (Eintritt kostenfrei) gehört neben spannenden Dauer- und Wechselausstellungen rund um die Naturgeschichte des Niederrheins ein sehenswerter Bauerngarten mit Kräuterbeeten und Obstbaumwiesen. Der Garten kann während der Öffnungszeiten besichtigt werden.

Naturparkzentrum Wachtendonk, Feldstraße 35,
47669 Wachtendonk, mehr Informationen:
www.npsn.de/index/lang/de/artikel/12

Vorbei am Rathaus geht es weiter durch die sehr sehenswerte Mühlengasse. Bei Hausnummer 12 steht man am tiefsten Punkt der Stadt, gerade einmal 27 Meter über Normalnull. Immer wieder stand nach starken Regenfällen die Straße hier unter Wasser und man konnte zeitweise mit dem Boot sogar hier fahren. Am Ende der Mühlengasse steht die die weiß verputzte ehemalige Seidenweberei. Hier biegen wir nach links in den Burgweg ab und sind nach wenigen Schritten im Grünen und an den Mauerresten der ehemaligen Burganlage der Festung Wachtendonk. Das ist der älteste Ort der Stadt! Der umliegende Park eignet sich heute zum Verweilen, eine Grillstelle ist auch vorhanden, und die Mauerreste laden Kinder natürlich zum Klettern ein.

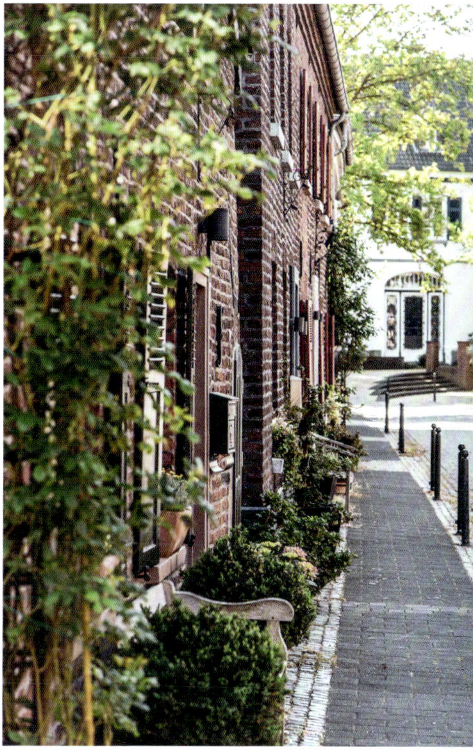

Die Mühlengasse in Wachtendonk

Wir folgen dem Weg weiter am Niersufer entlang – ab hier sind wir auf dem Kulturerlebnispfad Wachtendonk Süd unterwegs. Die Landschaft könnte hier nicht niederrheinischer sein: naturbelassende Pfade direkt am Wasser, ein weiter Blick über Felder bis zum Horizont und hier und da Kopfweiden, die sich sanft, manchmal knarzend im leichten Wind wiegen. Ein Blick durch die Bäume lässt uns schon unser Etappenziel erahnen. Ein kleiner, rot-weiß-gestreifter Leuchtturm ist auf der anderen Seite der Niers zu erkennen. Der Weg führt uns am Leuchtturm vorbei bis zu einer schönen Holzbrücke auf die andere Seite der Niers. Dort geht es nach wenigen Metern links in den Schlecker Deich.

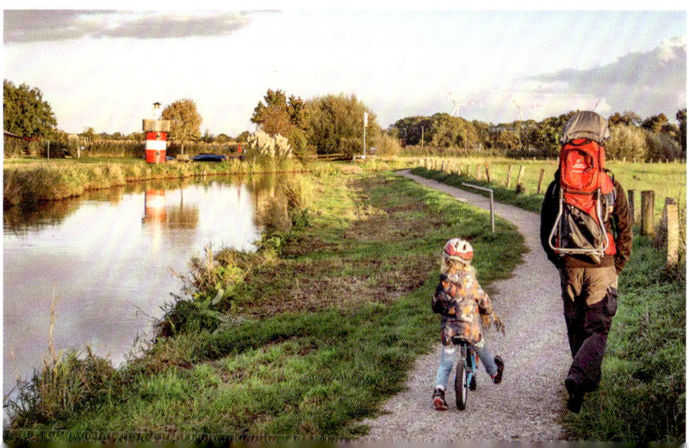

Schöner können Klein und Groß nicht wandern, oder?

Am Weg

HOLLESHOF

Der Holleshof ist zweifelsfrei DAS Highlight dieser Tour für eure Kinder: Wackelbrücken, Riesenschaukeln, Seifenkisten, Hüpfkissen, eine Bobbycar-Rutschbahn, ein Kletter- und Hexenwald und vieles mehr wartet auf die Kleinen. Ab Juli lohnt sich ein Ausflug besonders. Dann wartet das 60.000 Quadratmeter große Maislabyrinth darauf entdeckt zu werden. Der Parcours durch die bis zu 3 Meter hohen Maispflanzen ist gut 2,5 km lang – zumindest auf direktem Weg. Reichlich Irrungen und Wirrungen sorgen für viel Spaß. Reichlich Proviant gehört hier unbedingt ins Gepäck, denn die zahlreichen Picknickplätze im Labyrinth laden zu einer kleinen Pause ein.
Mehr Informationen unter: www.holleshof.de

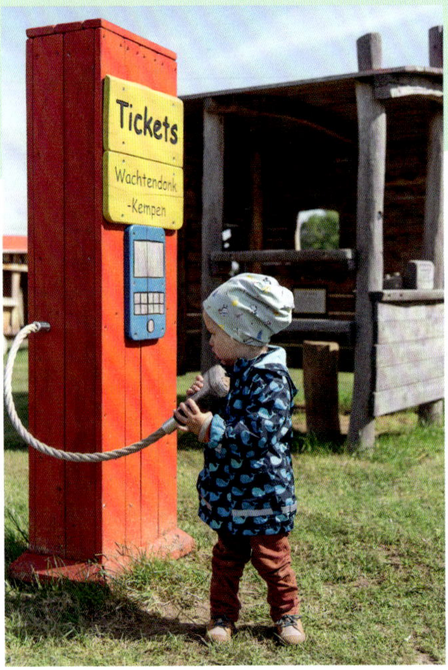

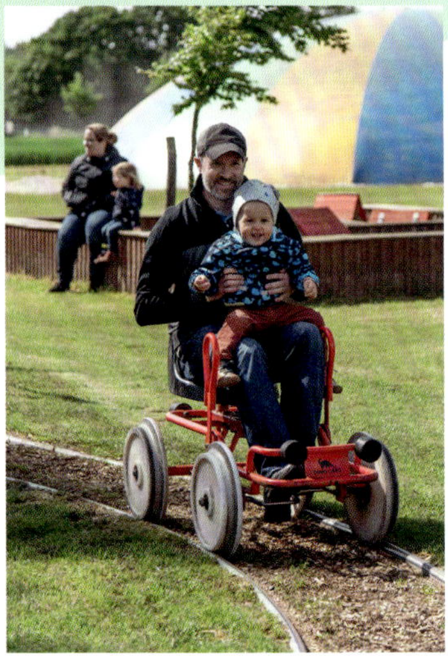

Hand aufs Herz: Auf dem Holleshof haben nicht nur die Kleinen viel Spaß!

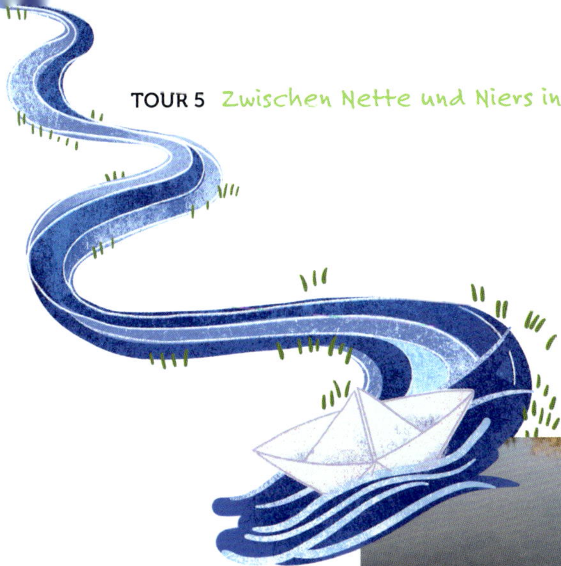

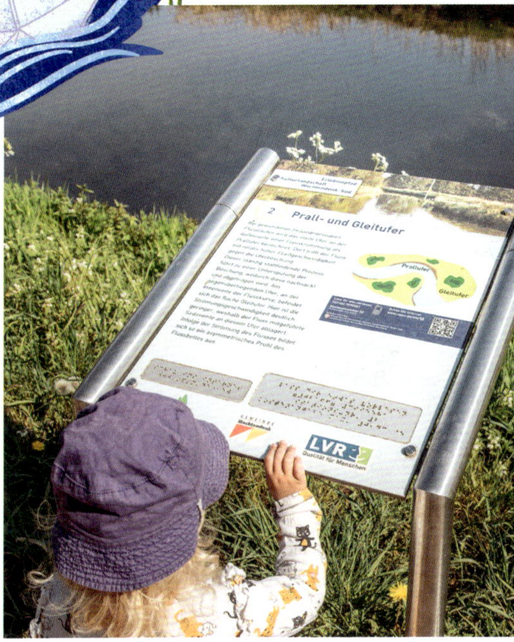

Für die letzte Etappe zurück nach Wachtendonk folgen wir dem Schlecker Deich vorbei am kleinen Hoftiergehege. Vom breiten Feldweg zweigen wir nach 450 Metern links in den Schoelkensdyck ein. An der Niers entlang geht es bis zum Bootsanleger und vorn dort über die Moorenstraße zurück zum Friedensplatz.

Tipp

Schräg gegenüber neben der Bushaltestelle wartet auf alle kleinen und großen Wanderer im Eiscafé JoJo noch eine verdiente Stärkung:
Eiscafé JoJo, Bergstraße 4, 47669 Wachtendonk,
mehr Informationen unter www.eiscafe-jojo.de

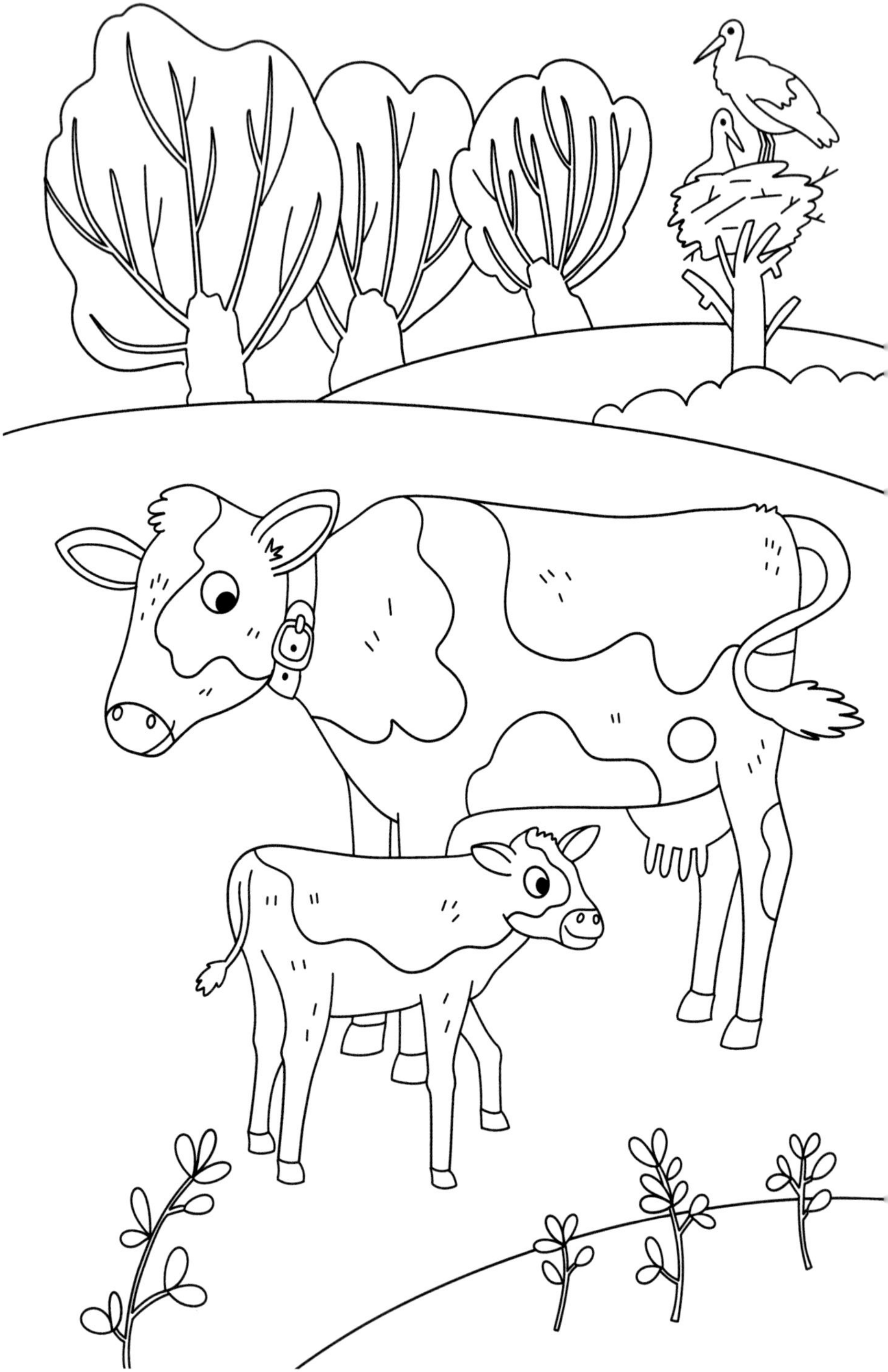

WAS GIBT'S SO AM NIEDERRHEIN?

Typisch für die Landschaft am Niederrhein sind Kopfweiden. Oft kannst du auch grasende Kühe sehen – und mit etwas Glück auch Störche, die in ihren hohen Nestern brüten.

Welche Dinge fallen euch zum Niederrhein noch ein? Habt ihr unterwegs etwas typisches gesehen? Schreibt oder malt es auf:

TOUR 5

- Startpunkt
- Zielpunkt
- Parkplatz
- Haltestelle
- Spiel & Spaß
- Gastronomie
- Burgen/ Schlösser/ Historische Orte
- Aussichtspunkt

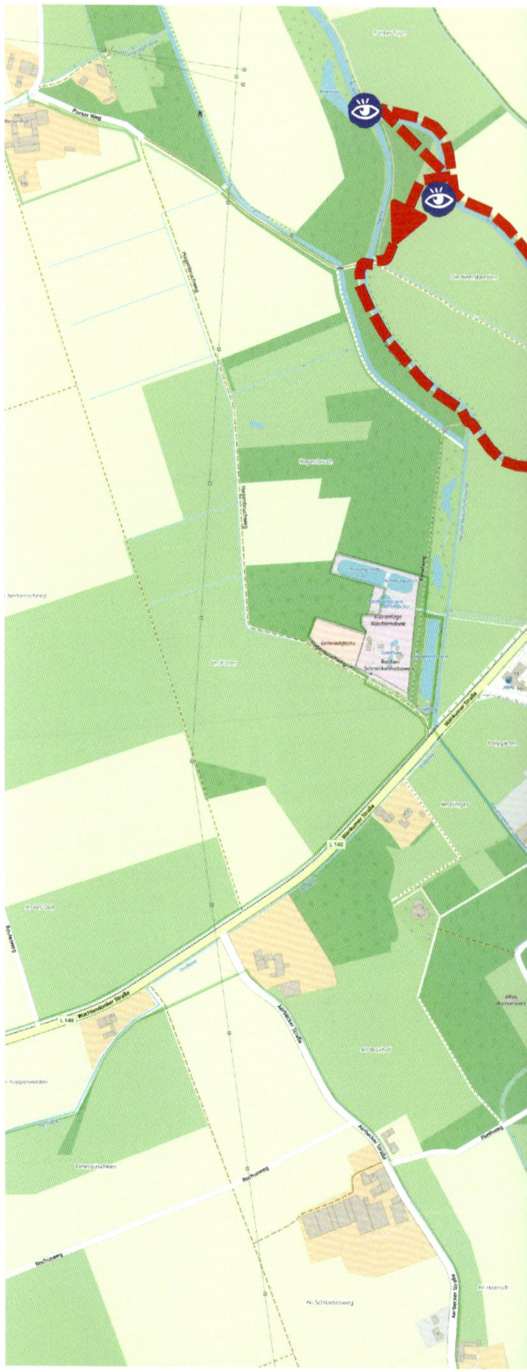

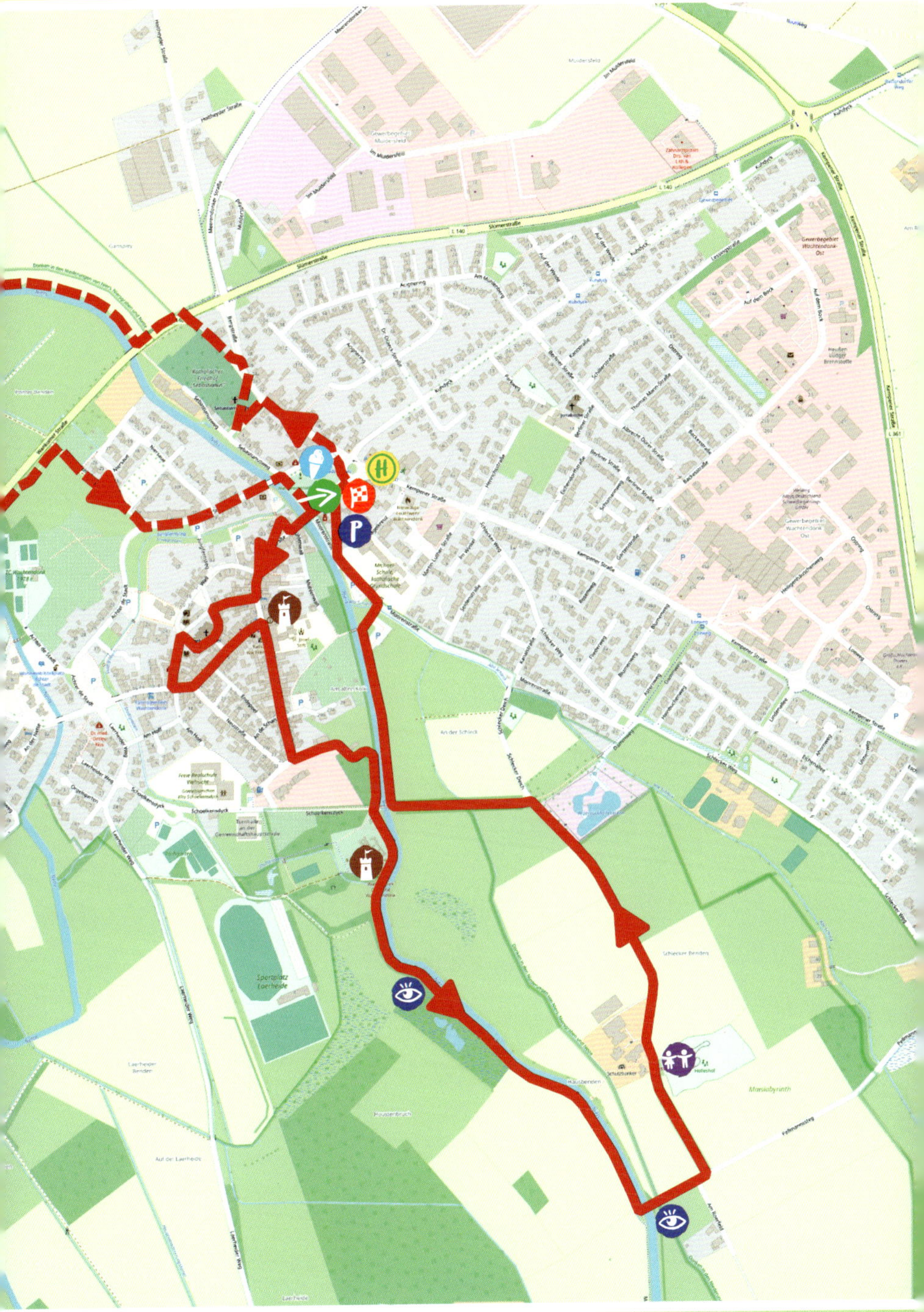

HALDENHURRA

Industriekultur in Neukirchen-Vluyn & Kamp-Lintfort

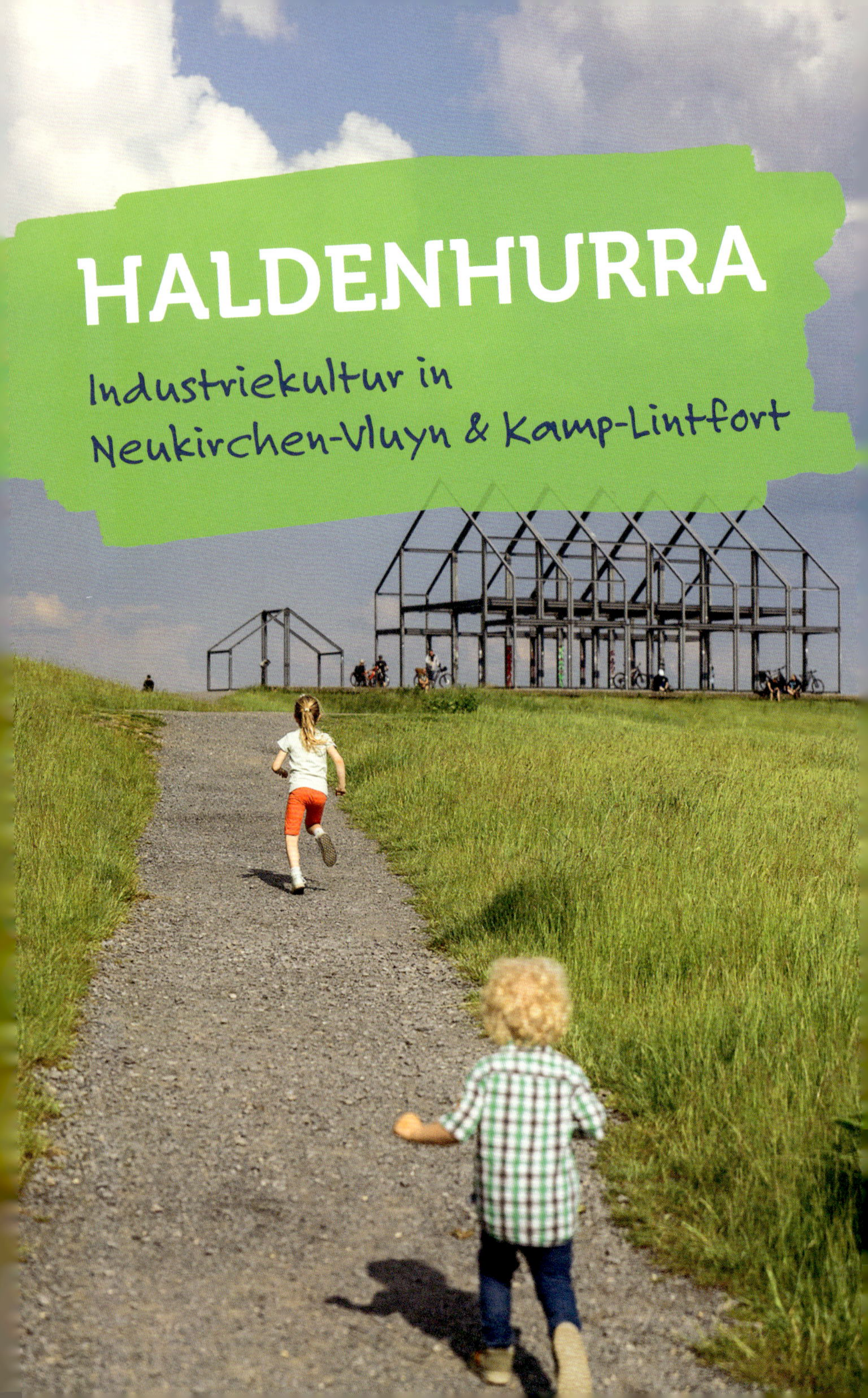

Gewandert am:

Das Wetter heute:

☐ ☐ ☐

Spaßfaktor: ☆☆☆☆☆

Die Halde Norddeutschland ist nicht nur eine der schönsten Halden der Gegend, sondern nimmt euch auch mit auf eine spannende Reise durch die Geschichte des Bergbaus am linken Niederrhein. Denn Neukirchen-Vluyn, aber auch Kamp-Lintfort und Moers sind geprägt von über 100 Jahren Steinkohleabbau. Auf dieser Tour geht es für euch erst fast bis in den Himmel und dann über spannende Pfade durch den Wald zurück. Ihr habt noch mehr Lust auf Bergbau? Dann gibt es obendrauf noch einen lohnenswerten Abstecher.

TOUR 6

ca. 1,5 Std. | ca. 5 km | 70 m

Start/Ziel: Neukirchen-Vluyn

Anreise mit ÖPNV: Die Bus-Haltestelle Gewerbepark Neukirchen-Nord (Buslinie 929) liegt ca. 15-20 Minuten entfernt. Ich empfehle daher die Anreise mit dem Auto.

Anreise mit Pkw: Kostenloser Parkplatz an der Halde Norddeutschland, Geldernsche Str. 168, 47506 Neukirchen-Vluyn

Wegbeschaffenheit: Naturbelassene Wege und Asphalt

Wegbeschreibung: „Wenn ich die Treppe bis nach oben gehe – bin ich dann wirklich im Himmel, Mama?" Nein, ganz so hoch geht dann doch nicht ... Aber immerhin bezwingt ihr auf 359 Stufen ganze 52 Höhenmeter! Das ist für den Niederrhein schon ein kleiner Rekord. Wenn ihr unten auf der Treppe steht und nach oben schaut, scheint sie nie enden zu wollen, und deshalb sprichwörtlich geradewegs in den Himmel zu führen. Die Himmelstreppe besteht aus insgesamt 3 Teilen, die jeweils durch kurze gerade Abschnitte voneinander getrennt sind. Oben angekommen blickt ihr nach wenigen Schritten nach rechts und seht schon das nächste Highlight: Das markante und von weitem sichtbare Hallenhaus liegt nur wenige Meter entfernt.

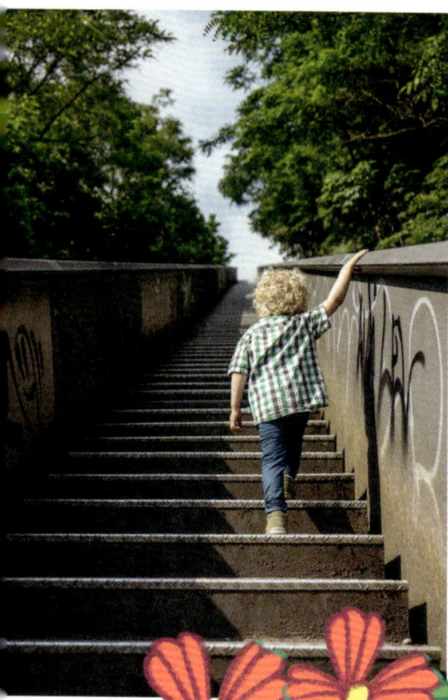

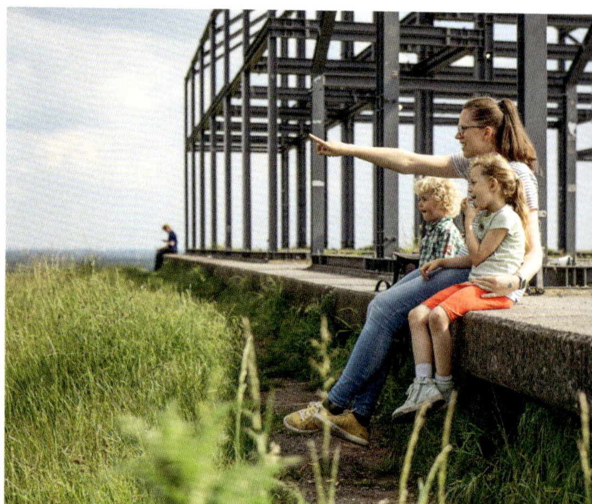

Am Hallenhaus gibt es bis zum Horizont viel zu entdecken.

10 Meter ragt das Stahlgerüst nach oben. Von der Plattform am Fuß des Hauses genießt ihr ein 360-Grad-Panorama über den Niederrhein und das Ruhrgebiet: Ihr entdeckt die Stahlwerke in der Skyline von Duisburg, das Bergwerk in Walsum, die Windräder an der niederländischen Grenze oder in nächster Nähe das ehemalige Bergwerk Niederberg. Auch viele weitere Halden, wie z. B. Rheinpreußen oder das Kraftwerk in Voerde sind von hier oben zu sehen. Die Halde Norddeutschland ist am höchsten Punkt 102 Meter hoch und entstand durch das Aufschütten von Abraum aus dem Steinkohlebergbau ab den 1960er Jahren. Über Jahrzehnte hinweg wurde das Material von umliegenden Bergwerken, z. B. von der Zeche Niederberg oder der Zeche Friedrich-Heinrich hier deponiert, insgesamt etwa 80 Millionen Tonnen. Nach dem Ende des Bergbaus im Jahr 2001 begann die Rekultivierung der Halde. Die umliegenden Hänge sind alle mit Mischwald bewachsen. Oben auf dem Haldenplateau steht übrigens kein einziger Baum, sondern der Blick schweift über eine weitläufige Wiese bis zum Horizont.

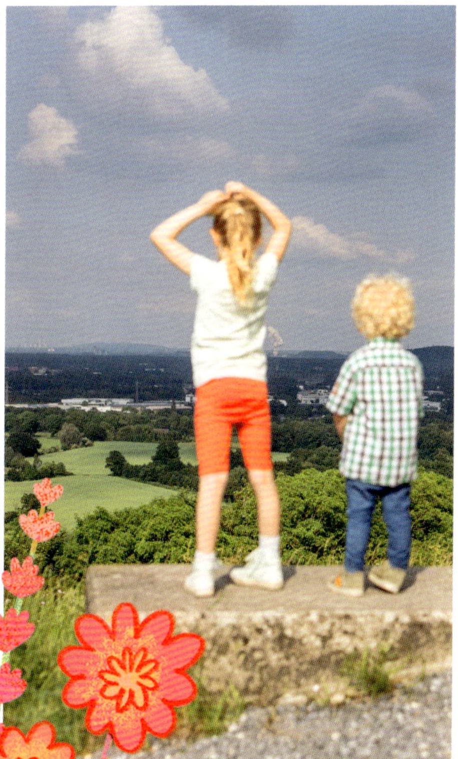

Diesen Blick genießt ihr nicht nur am Hallenhaus, sondern auch auf einer Runde im Uhrzeigersinn über die Haldenkopf. Vorbei am Thingplatz geht es Richtung Westen zum höchsten Punkt der Halde. Richtung Westen erblickt ihr von hier aus den markanten Turm der Zeche Friedrich-Heinrich und sogar dahinter noch Kloster Kamp. Für Kinder braucht es den Blick in die Ferne hier gar nicht – viel spannender ist der Einstieg in die Mountainbike-Strecke. Mit etwas Glück könnt ihr ein paar Mountainbiker bei der rasanten Abfahrt über die Halde beobachten. Oder in den Sommermonaten Gleitschirmfliegern beim Start zuschauen. Zwar nicht mit Bike oder Gleitschirm, aber auch für euch geht es nun im Zick-Zack wieder bergab. Dazu folgt ihr dem Weg fast zurück bis zum Hallenhaus und zweigt dann nach links ab und direkt danach wieder scharf links. An der nächsten Weggabelung haltet ihr euch rechts und nehmt den dicht bewachsenen Abenteuerweg.

Hier geht es im großen Bogen um die Halde herum und ihr kreuzt mehrmals die Mountainbike-Strecke. Ihr haltet euch immer rechts und zweigt kurz nach einem kleinen Tüm-

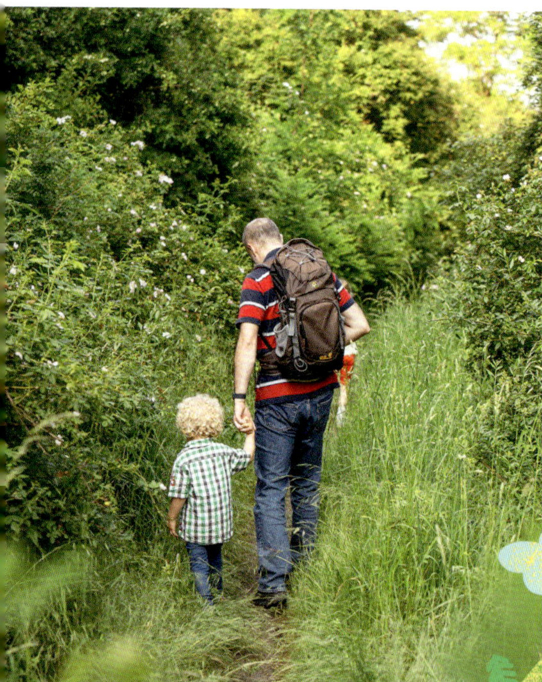

Tipp: Auf zugewucherten Pfaden immer lange Hosen tragen.

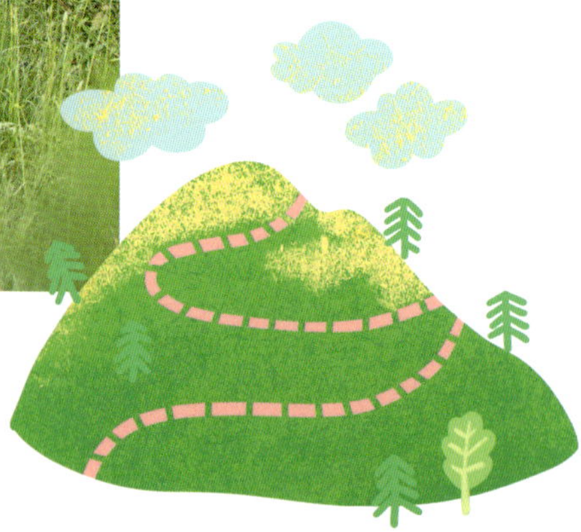

pel scharf rechts ab und nach ca. 300 Metern wieder scharf links. Nach etwa 800 Metern über anfangs noch Waldwege und später asphaltierte Straße könnt ihr einen Blick auf die Schachtanlage 3 der ehemaligen Zeche Friedrich Heinrich erhaschen. Das Gelände ist abgesperrt und nicht zugänglich, aber entlang des Zauns entdeckt ihr die alten, von der Natur inzwischen zurückeroberten Gebäude und den Förderturm.

Nur wenige Schritte weiter steht ihr vor einer haushohen Wand die mit knallbunten Graffitis rund um den Niederrhein, ja sogar einer Karte, besprüht wurde. Kurz danach folgt ihr dem Weg links hinauf und geht durch den Wald zurück bis zur Himmelstreppe. Nun sind es nur noch wenige Stufen bergab bis zum Parkplatz.

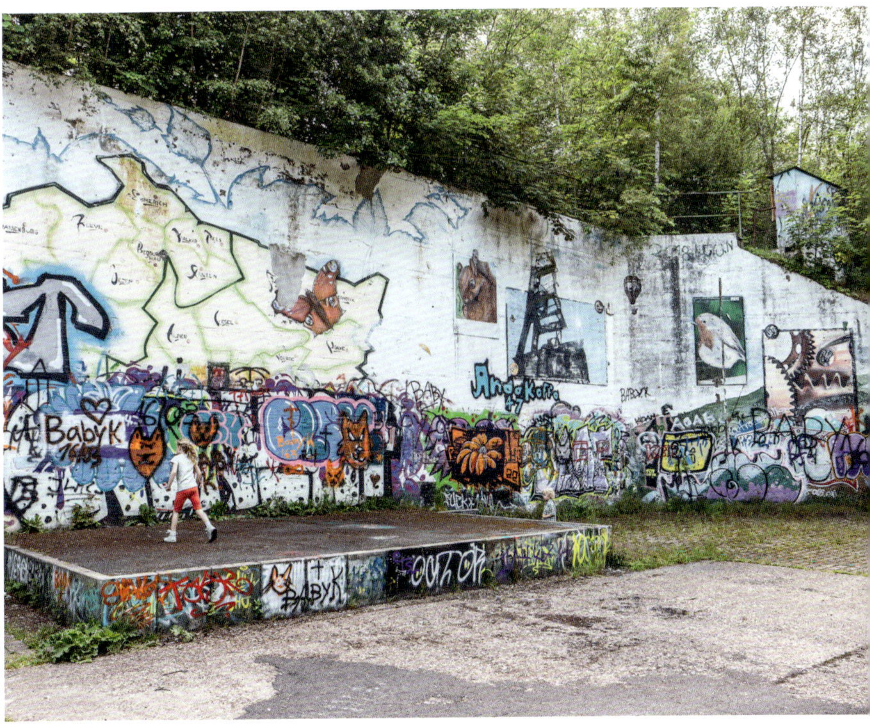

Die Graffitiwand wird von den Kids kurzerhand zur Bühne umfunktioniert.

Abstecher

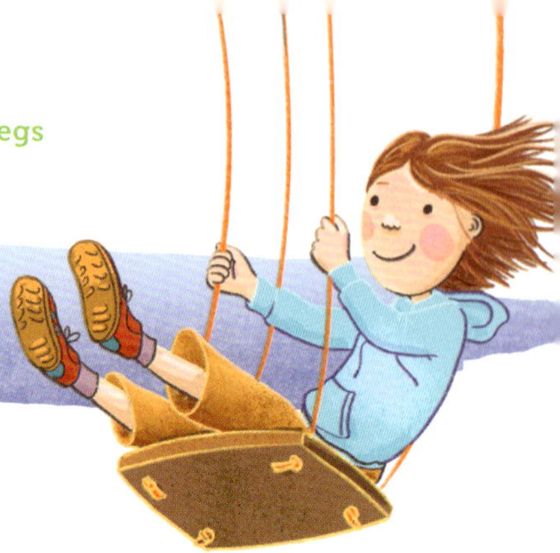

Rund 10 Minuten mit dem Auto entfernt liegt der Zechenpark Friedrich Heinrich in Kamp-Lintfort. Das Steinkohlebergwerk wurde Ende 2012 nach über 100 Jahren stillgelegt. Zur Landesgartenschau 2020 wurde das Gelände aufwändig umgestaltet und unter anderem um den KALISTO Tierpark und einen großen Abenteuerspielplatz erweitert. Wer heute noch Bergbauluft schnuppern möchte, kann unter anderem den Förderturm von Schacht I oder den Lehrstollen besichtigen. Der Spielplatz sowie der Zechenpark sind ganzjährig kostenfrei zugänglich.

KALISTO Tierpark, Ringstraße 200, 47475 Kamp-Lintfort, mehr Informationen unter www.kalisto-tierpark.de

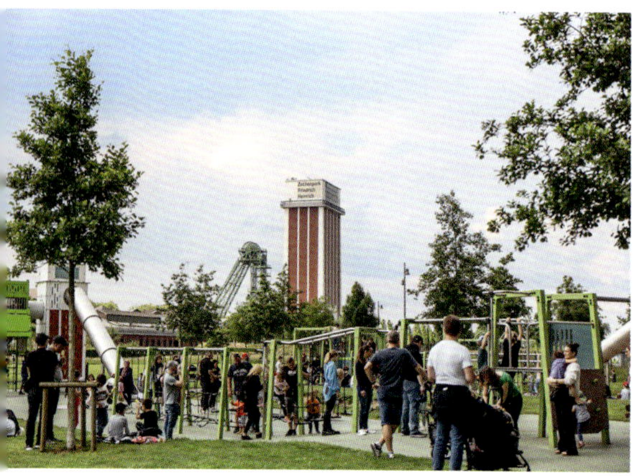

Früher Maloche, heute Freizeit. Der Spielplatz allein ist Grund genug für einen Besuch!

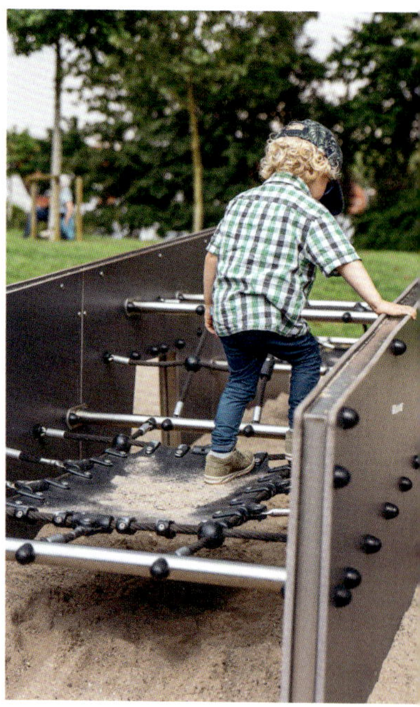

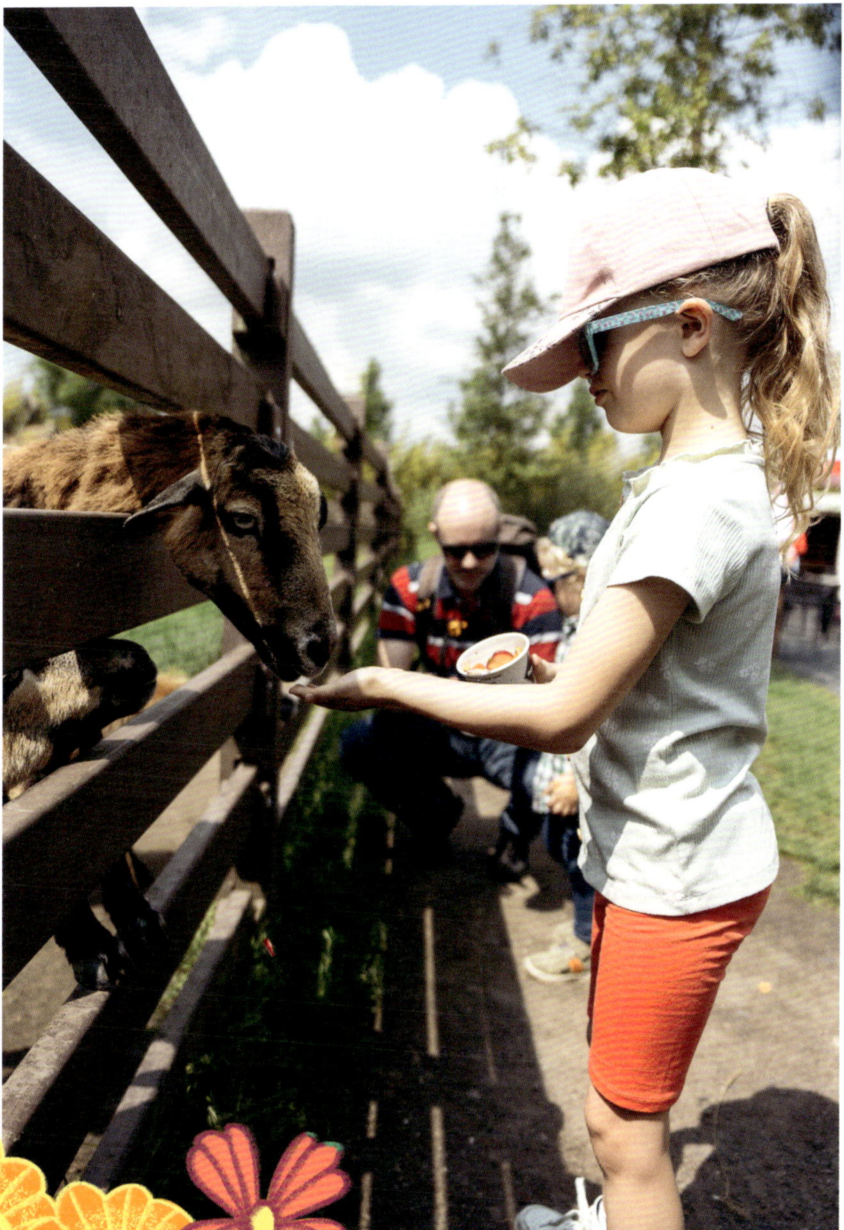

Der Streichelzoo im KALISTO

Findet ihr die 10 Unterschiede in den beiden Zechen-Bildern?

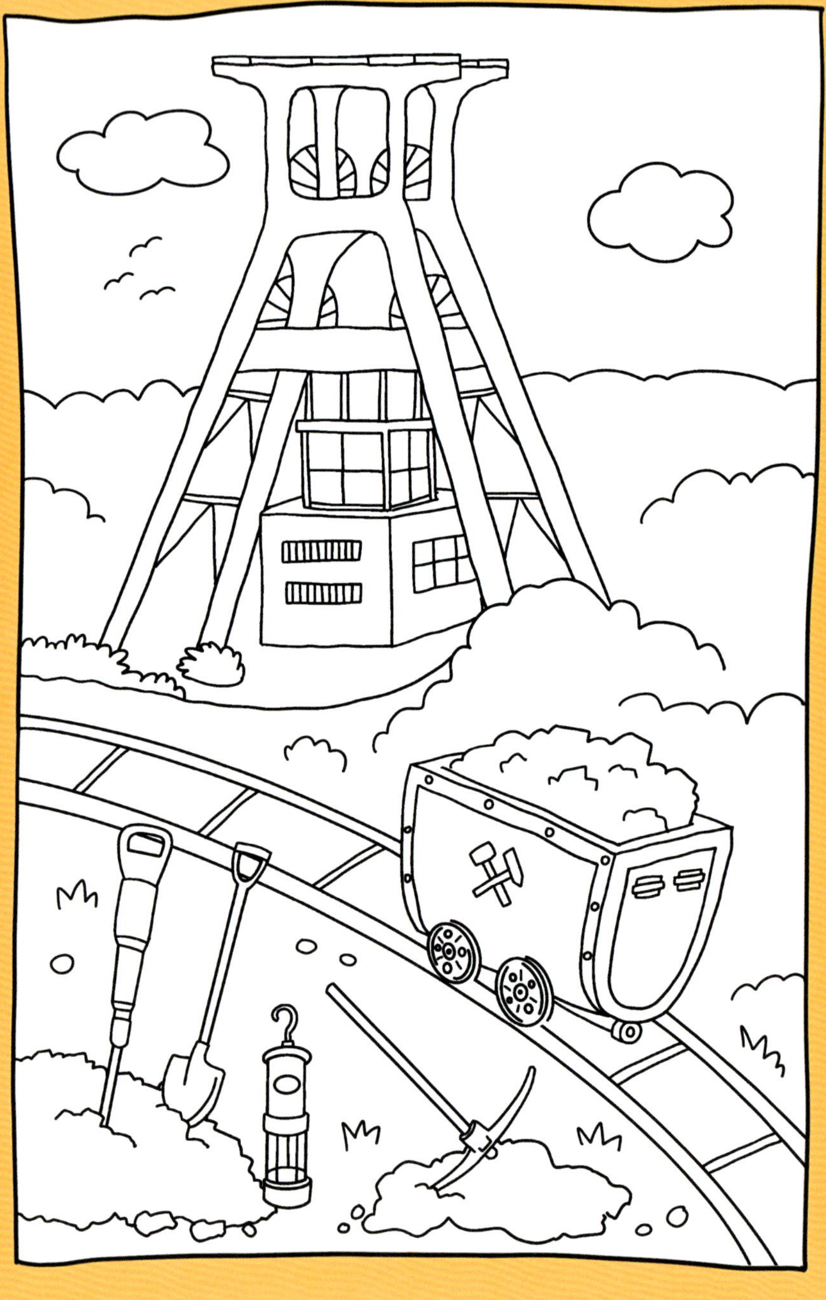

Ihr könnt beide Bilder ausmalen,
dann seht ihr sie ganz bestimmt!

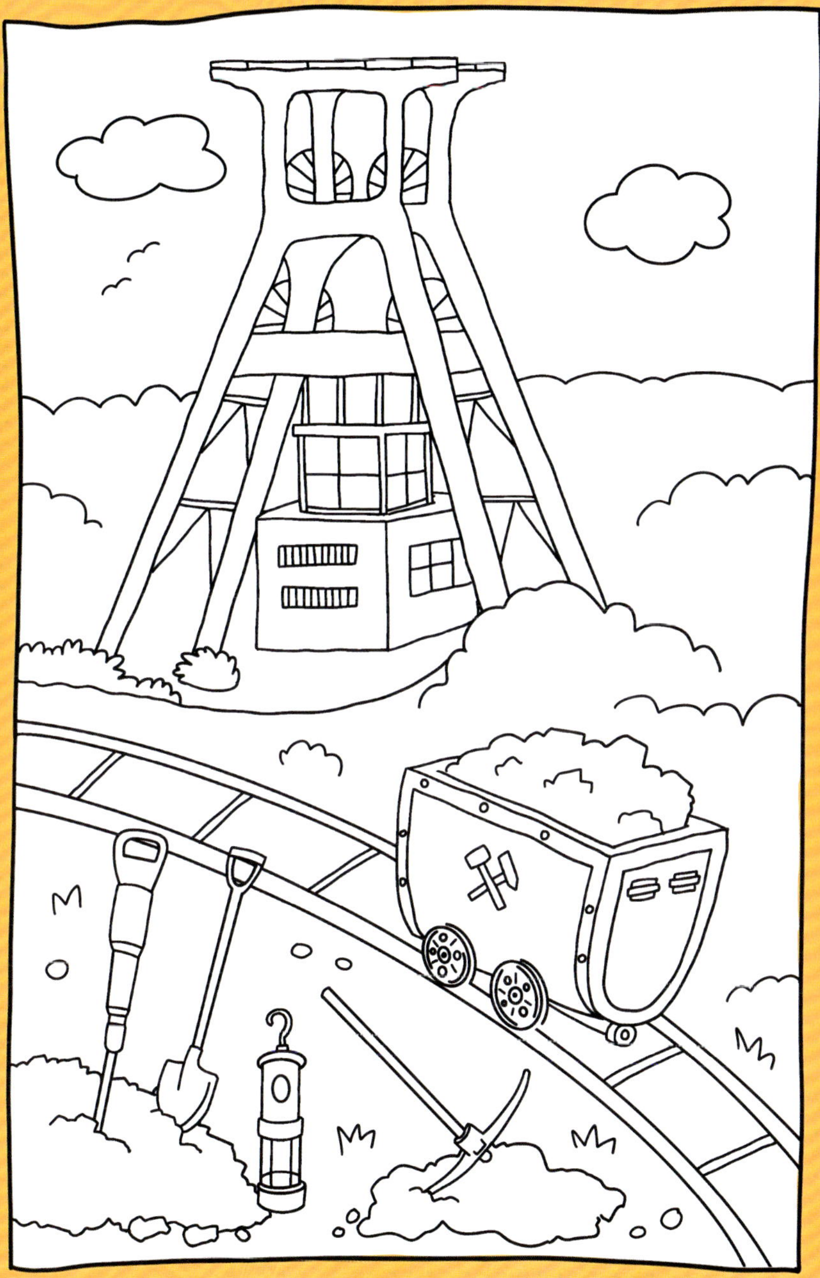

TOUR
6

Startpunkt

Zielpunkt

Parkplatz

Aussichtspunkt

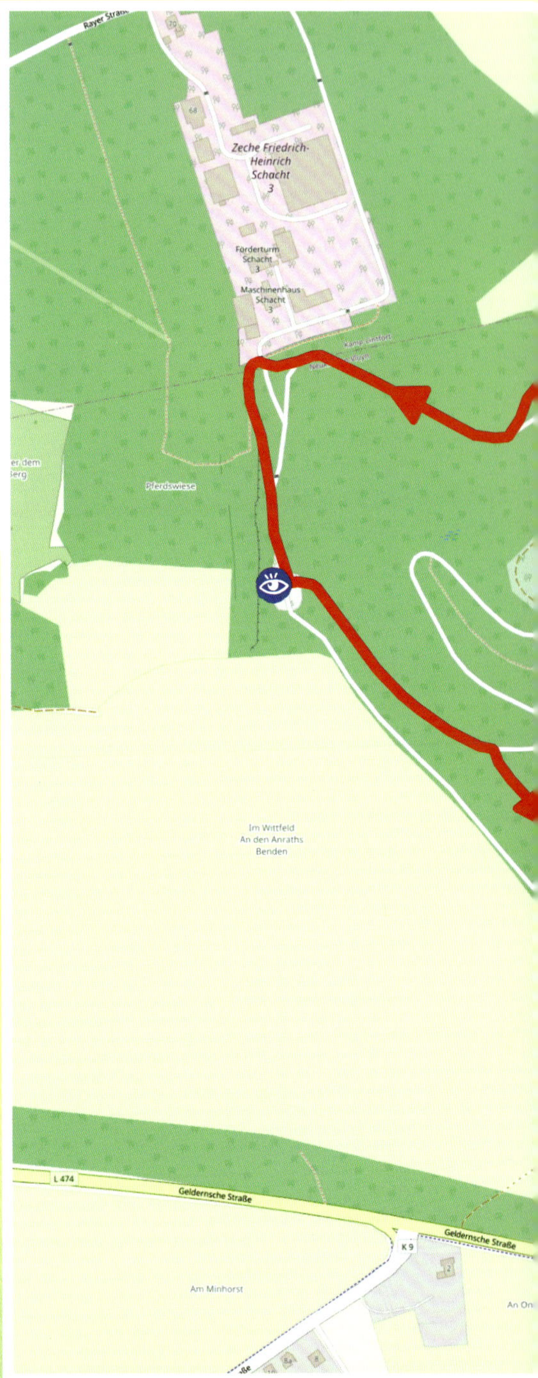

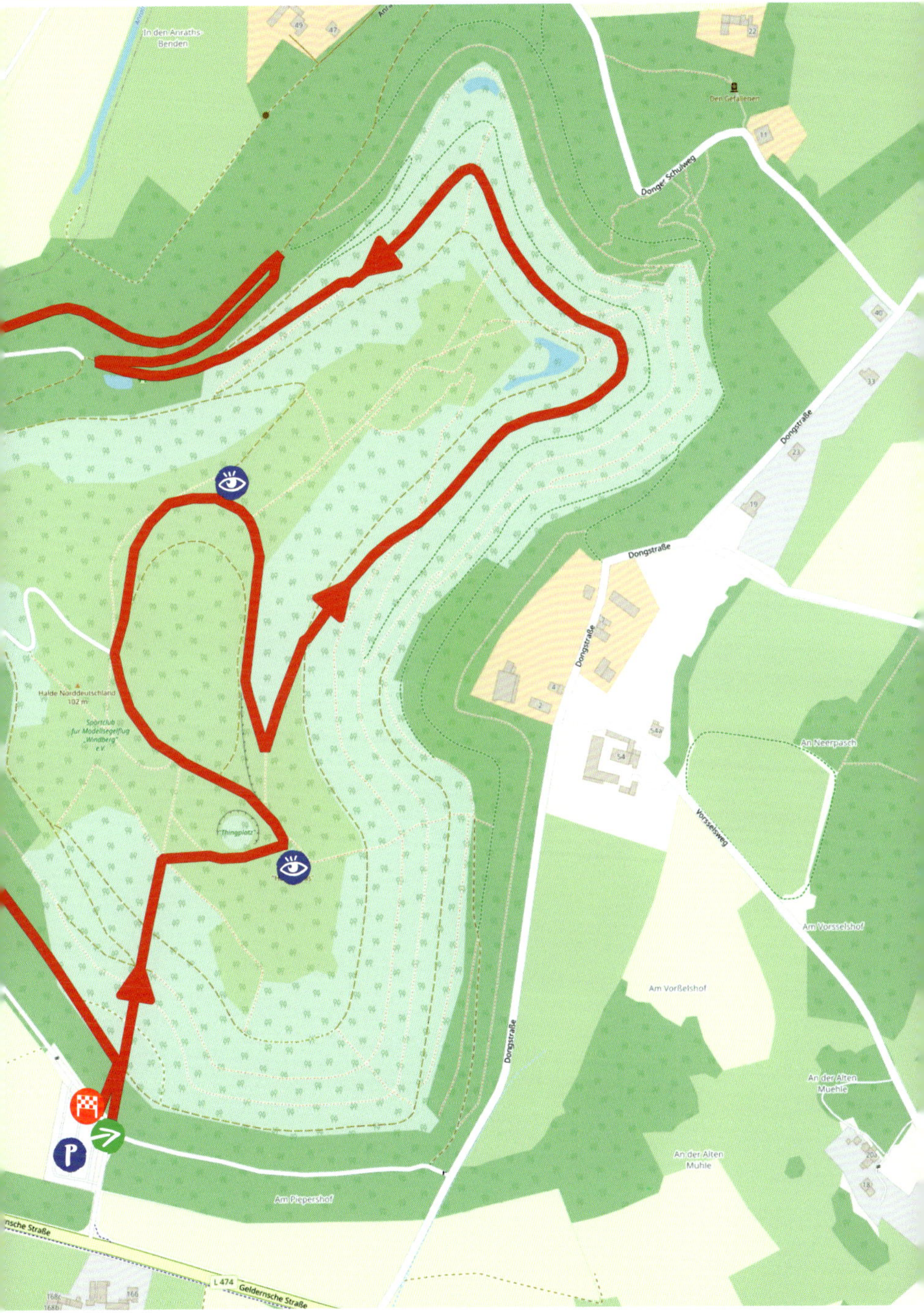
In den Anraths-Benden
Den Gefallenen
Donger Schulweg
Dongstraße
Dongstraße
Dongstraße
Dongstraße
Halde Norddeutschland 102 m
Sportclub für Modellsegelflug „Windberg" e.V.
"Thingplatz"
An Neerpasch
Vorsselsweg
Am Vorsselshof
Am Vorßelshof
An der Alten Muehle
An der Alten Mühle
Am Piepershof
L 474
Geldernsche Straße

ZWISCHEN SPARGELDORF & SCHMUGGLERPFAD

Rund um Walbeck

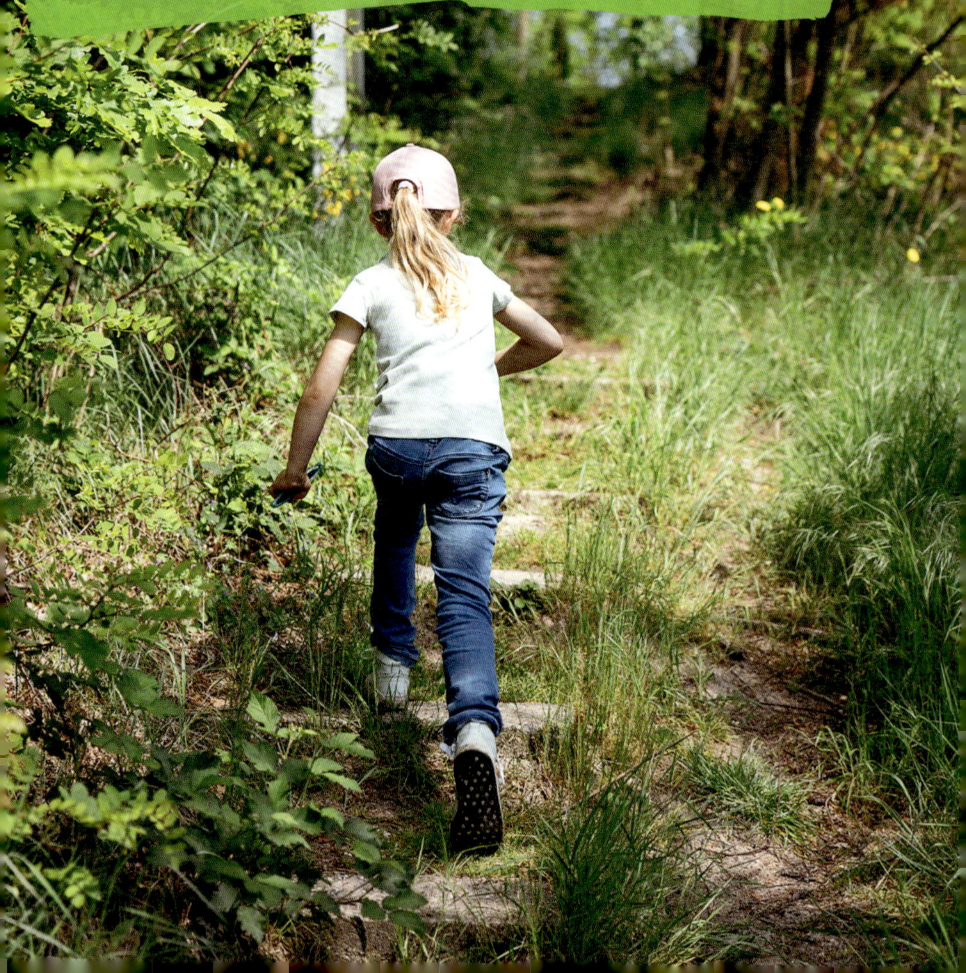

Gewandert am:

Das Wetter heute:

☐ ☐ ☐

Spaßfaktor: ☆☆☆☆☆

Von April bis Ende Juni verwandelt sich das beschauliche Walbeck in ein Mekka für Spargelliebhaber. Noch vor 100 Jahren war das heutige Spargeldorf eher unrühmlich für Schmuggel in die nur wenige Kilometer entfernten Niederlande bekannt. Diese Tour führt euch über spannende Pfade auf beide Seiten der Grenze und belohnt die kleinen Wanderer mit einem abenteuerlichen Waldspielplatz.

TOUR 7

ca. 2,5 Std. | ca. 7 km | 20 m

Start/Ziel: Walbeck

Anreise mit ÖPNV: Bushaltestelle Walbeck-Friedhof (Buslinie 35)

Anreise mit Pkw: Kostenloser Parkplatz an der Steprather Mühle oder direkt daneben am Friedhof

Wegbeschaffenheit: Naturbelassene Wege und Asphalt

Wegbeschreibung: Vom Parkplatz aus sind es nur wenige Schritte bis zur Steprather Mühle. Von hier aus geht es zunächst nach links bis zur Walbecker Straße und von dort rechts auf dem Wanderweg A1 und A3 entlang Richtung Kevelaer und Arcen.

Am Weg

STEPRATHER MÜHLE

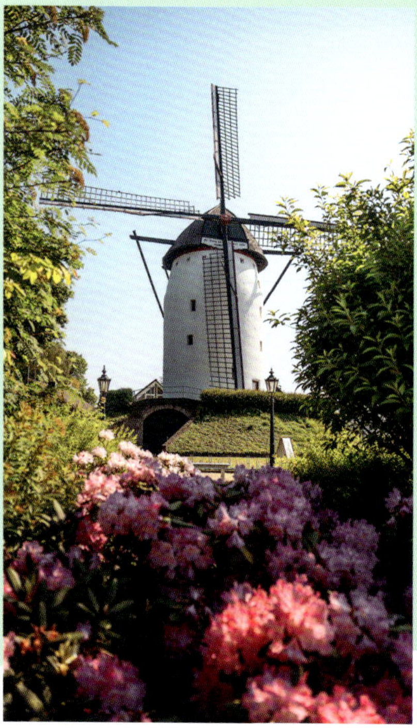

Die Steprather Mühle ist die älteste funktionierende Windmühle in Deutschland. Über 400 Jahre wurde sie als Getreidemühle genutzt. Das kleine Mühlencafé nebenan verkauft Brot, Kuchen, Gebäck und natürlich Mehl aus eigener Herstellung und ist an Wochenenden und Feiertagen von 10 bis 17 Uhr geöffnet. Auch Besichtigungen der Mühle sind während der Öffnungszeiten möglich.

Die kleine Skulptur der „Spargelstecherin" ist nur eines von vielen Details, das euch immer wieder an das Spargeldorf erinnert. Walbecker Spargel ist ein echtes Qualitätsprodukt geworden und während der Spargelsaison von ca. Anfang April bis Ende Juni herrscht in Walbeck reges Treiben: Restaurants und Cafés sind stets gut gefüllt und die Spargelhöfe locken mit Besichtigungen und Verkostungen viele Touristen an. Immer weiter geradeaus geht es auf dem Bergsteg und bald schon erreicht ihr den Ortsrand, der euch Richtung Freibad und in den Grenzwald führt.

Info

Die Böden rund um das gut 4500 Einwohner starke Spargeldorf sind sehr sandig und klassische Landwirtschaft mit z. B. Getreide oder Kartoffeln war hier nie möglich. Bis ca. 1930 die Erkenntnis kam, dass auf den Walbecker Böden hervorragend aromatischer Spargel wächst, war die Bevölkerung hier eher arm. Aufgrund der Nähe zur niederländischen Grenze haben sich die Menschen vor allem mit dem Schmuggeln von Tabak und Kaffee über Wasser gehalten.

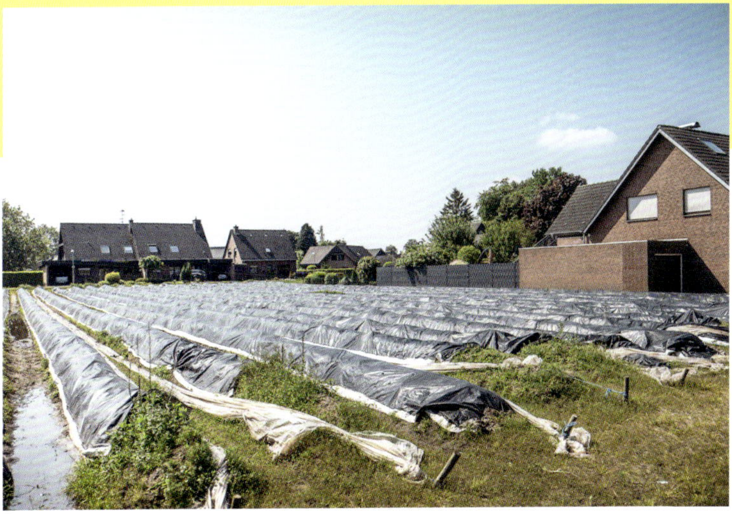

Der Weg durch den Grenzwald ist denkbar einfach: Immer geradeaus! Mitten im Wald kommt ihr vorbei an einer Skulptur aus alten Fahrradrahmen und Katzenaugen. Ganze 3500 orange reflektierenden Katzenaugen wurden hier rund um eine Sitzbank installiert und laden zu einer kleinen Rast ein. Die Grenze ist nur noch wenige Gehminuten entfernt. Ihr erkennt sie an einem gerade kreuzenden Weg, der wie mit dem Lineal gezogen quer durch den Wald verläuft.

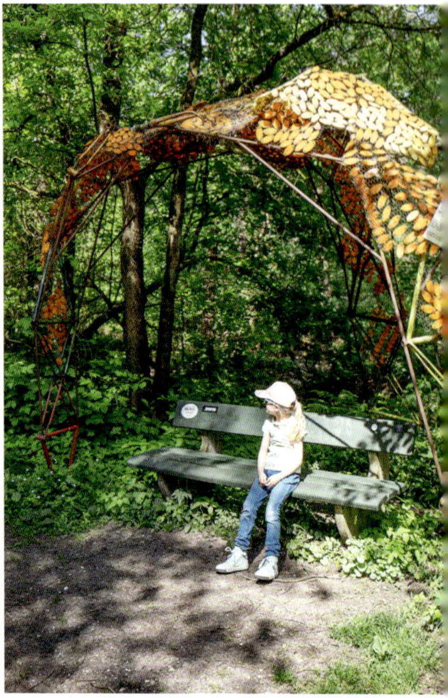

Kunstvolle Pause im Grenzwald

Der weitere Weg hängt vom Wetter und der Jahreszeit ab. Wenn es zuvor stark oder öfter geregnet hat, biegt ihr besser nach rechts ab und wandert direkt auf dem Grenzpfad entlang. Die Wege am Wasser entlang sind vielfach überflutet und nicht passierbar.

Abstecher

Bei trockenem Wetter könnt ihr einen sehr lohnenswerten ca. 2 Kilometer langen Abstecher durch die Maasduinen unternehmen. Dafür wandert ihr geradeaus auf dem Rode Dijk und zweigt bei nächster Gelegenheit rechts und dann wieder rechts ab bis ihr vorbei an Heide, Mooren und Seen wieder auf dem Grenzweg ankommt.

Wenn ihr aufgrund von Überschwemmungen auf den Abstecher verzichten müsst, gibt es für euch dennoch einen kleinen Vorgeschmack auf die Maasduinen. Nach etwa 500 Metern erreicht ihr ein kleines Holztor durch das ihr hindurch Richtung Wasser laufen könnt. Hier ist es mitunter richtig sandig und direkt am Wasser fühlt es an wie im Urlaub. Der perfekte Platz für ein ausgiebiges Picknick. Weiter geht es auf sandigem Boden für wenige Meter bis zum nächsten Holztor und von dort geradeaus vorbei am Grenzstein mit der Nummer 499 zurück in den Grenzwald.

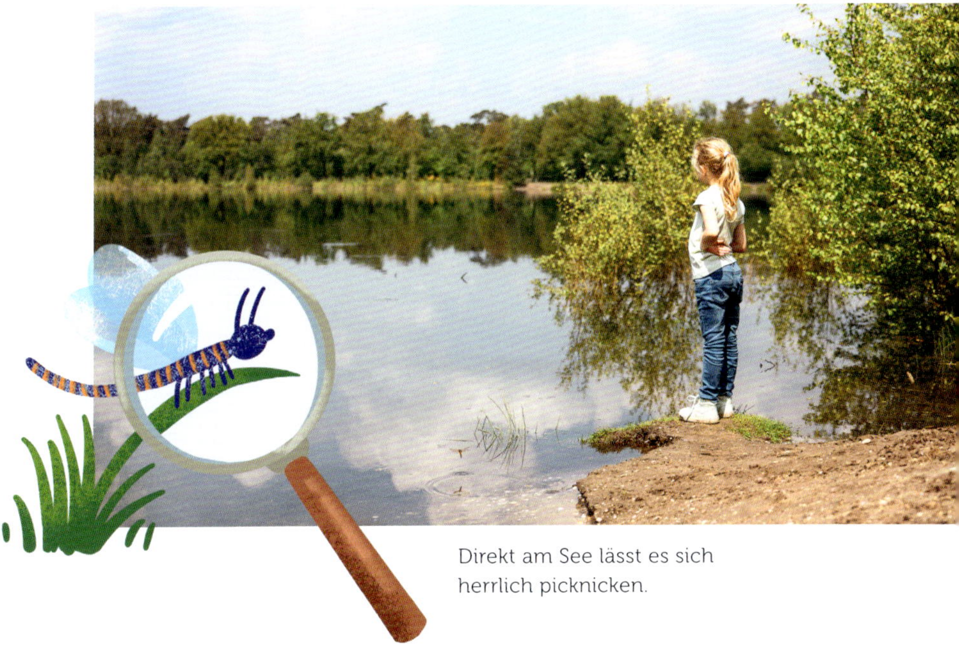

Direkt am See lässt es sich herrlich picknicken.

Der Weg zurück führt wieder geradeaus durch den Wald – aber keine Sorge, auch hier kommt keine Langeweile auf. Baumstümpfe zum Hochklettern oder gefällte Bäume zum Balancieren finden sich schließlich immer irgendwo. Durch den Wald gelangt ihr direkt zum wunderschönen Schloss Walbeck, das von einem kleinen Wassergraben und üppiger Bepflanzung umgeben ist.

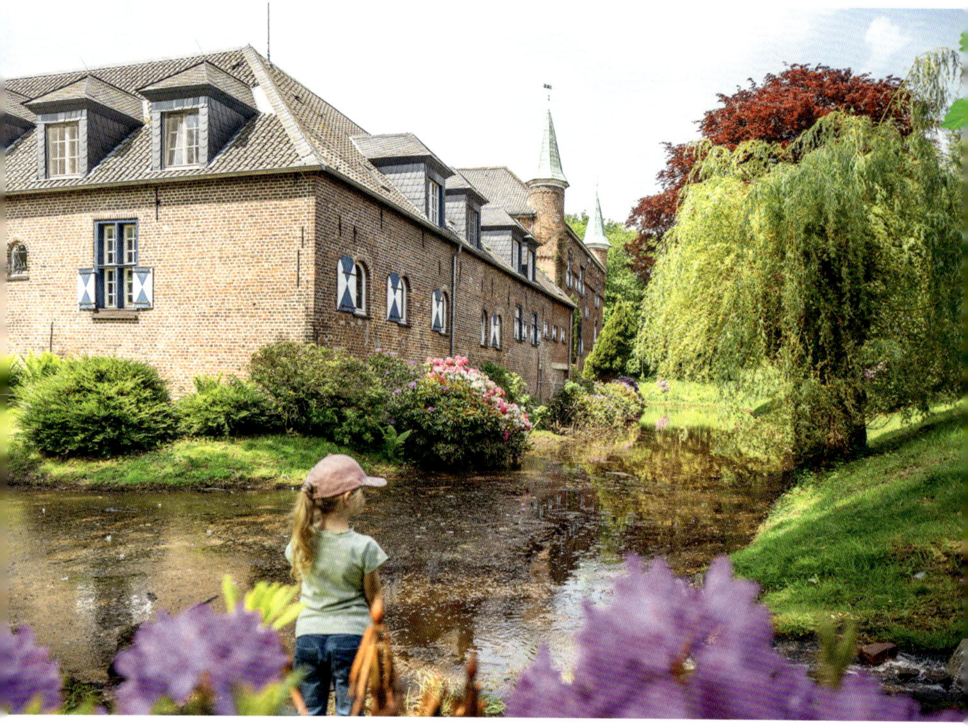

Das malerische Wasserschloss Walbeck lädt direkt ein, sich Abenteuergeschichten auszudenken.

Tipp

Wenn ihr am Schloss rechts und wieder rechts abbiegt, gelangt ihr zu Yakari`s Quelle, einem gemütlichen Biergarten, der sich für eine Erfrischung anbietet. Für Kinder ist der nebenliegende Schlosspark sicherlich das spannendere Ziel: Ein uriger Waldspielplatz lockt mit Spielturm, Rutschen, Reifenschaukeln, einem Riesen-Baumstumpf- und Balancier-Parcours und vielem mehr. Infos unter schloss-walbeck.de/yakaris-quelle

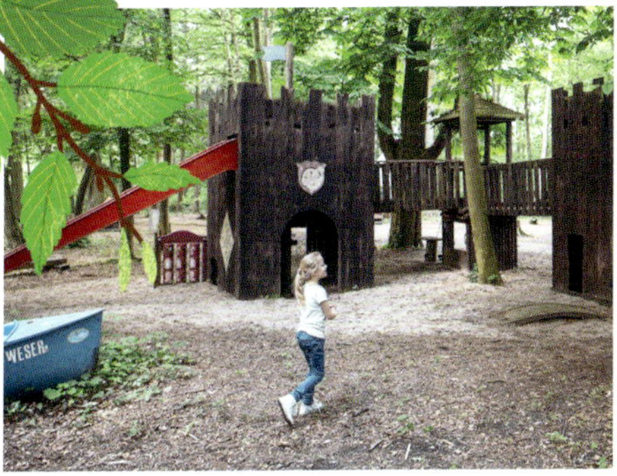

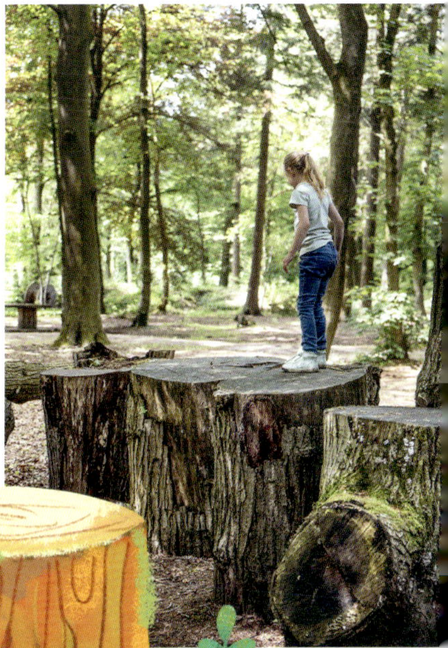

Über XXL-Baumstümpfe klettern oder gleich den Burgturm erklimmen? Ihr habt die Wahl!

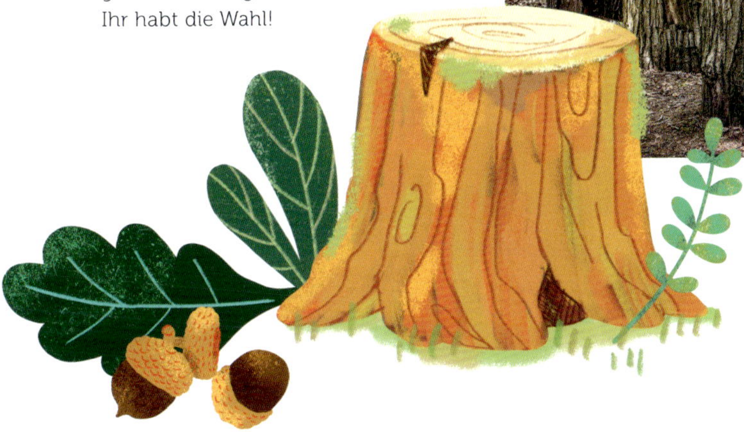

Vorbei an Schloss Walbeck folgt ihr dem Neesenweg und dort immer der Markierung des Jakobswegs nach, also der gelben Muschel auf blauem Grund. Der Weg biegt am Ende nach rechts ab hinaus aufs offene – wie könnte es anders sein – Spargelfeld. Der letzte knappe Kilometer führt euch zunächst links in den Kastellweg hinein, dann weiter links vorbei am Josefskapellchen bis zum Parkplatz neben der Steprather Mühle.

ZAHLENBILD NIEDERRHEIN

Spargel ist ein typisches Gemüse am Niederrhein. Wenn ihr die Zahlen in der richtigen Reihenfolge verbindet, wisst ihr auch, welches Gebäude oft am Niederrhein zu finden ist. Vielleicht hast du unterwegs auch so eines entdeckt?

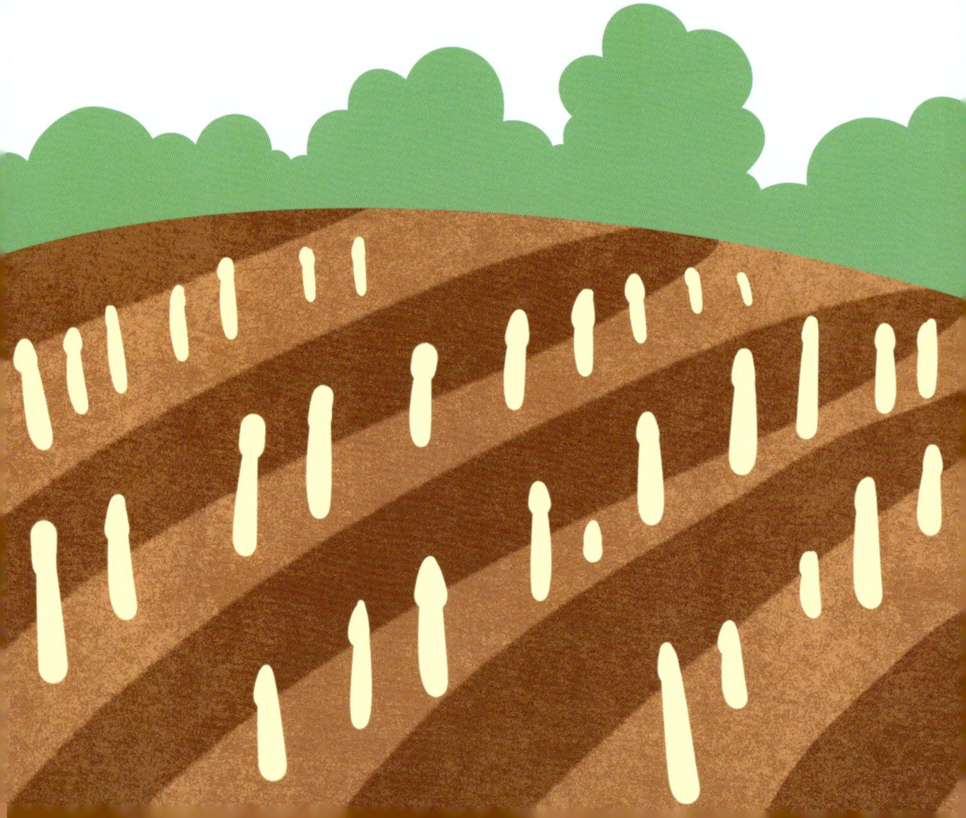

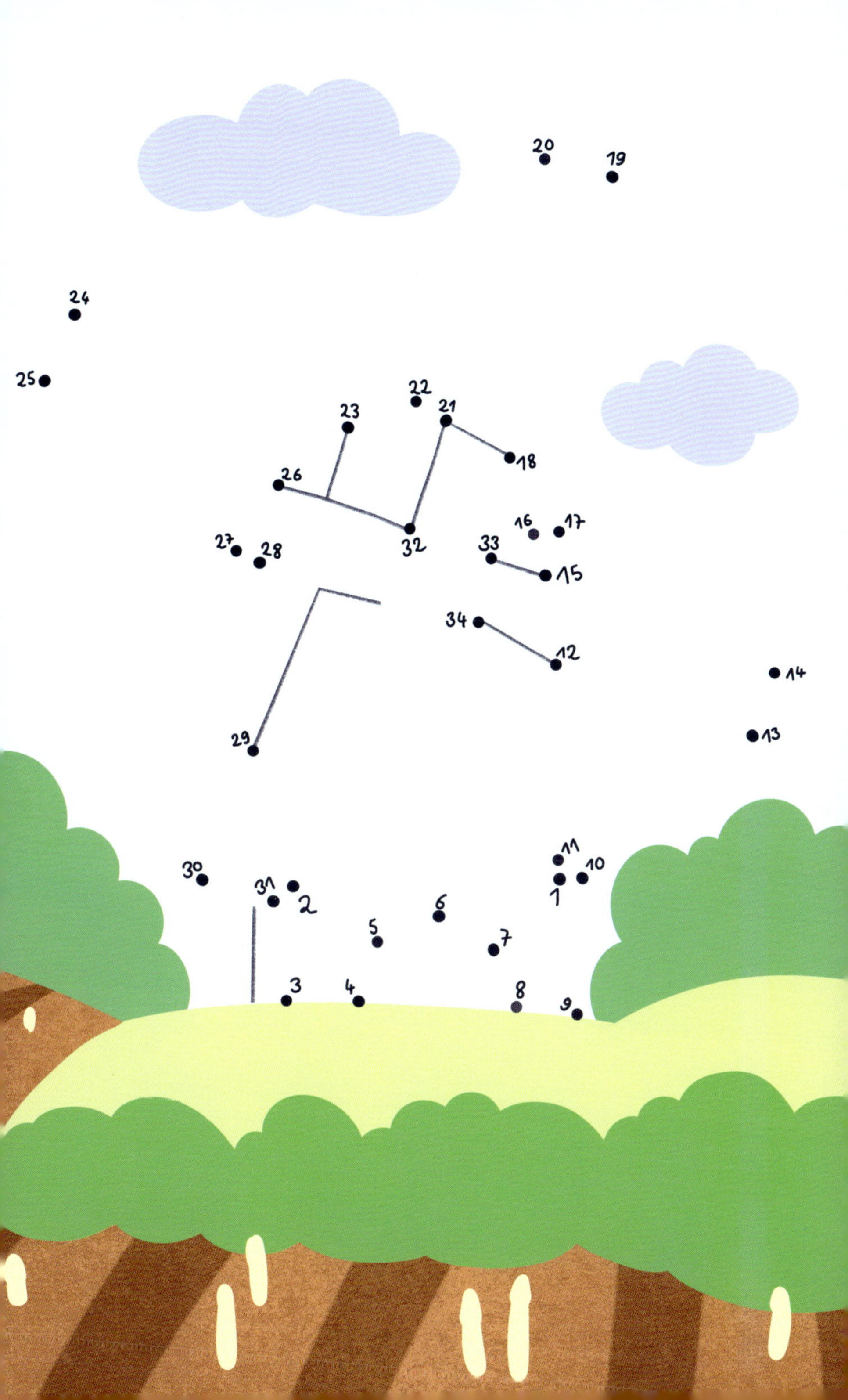
1
2
3
4
5
6
7
8
9
10
11
12
13
14
15
16
17
18
19
20
21
22
23
24
25
26
27
28
29
30
31
32
33
34

TOUR 7

Startpunkt

Zielpunkt

Parkplatz

Haltestelle

Spiel & Spaß

Gastronomie

Burgen/
Schlösser/
Historische Orte

Aussichtspunkt

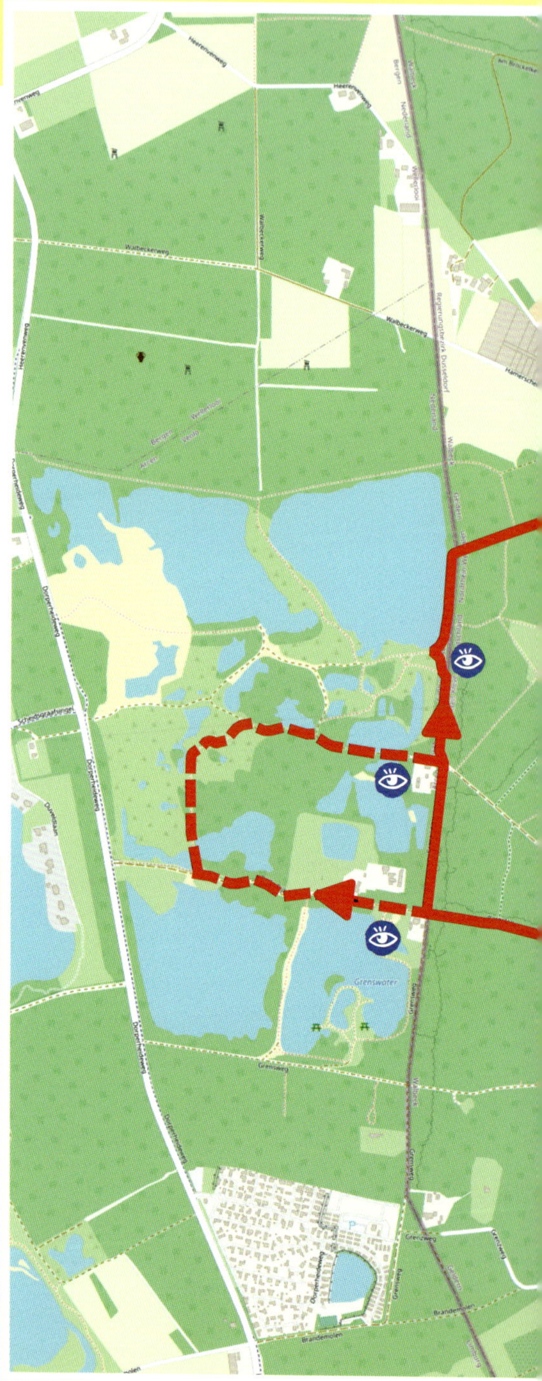

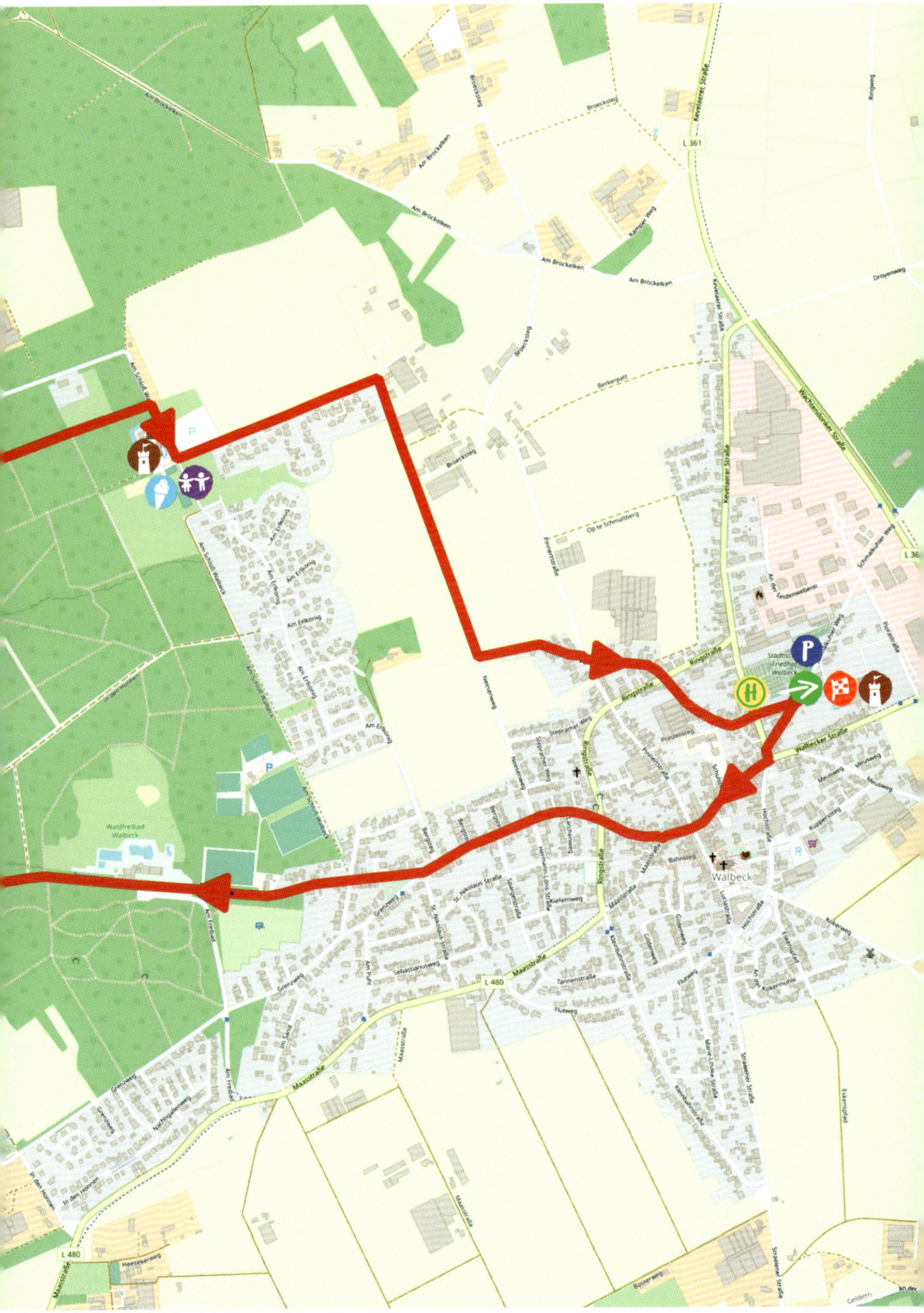
Am Bröckelken
L 361
Kevelaerer Straße
Wachtendonker Straße
Ringstraße
Walbecker Straße
Walbeck
Waldfreibad Walbeck
Am Freibad
Grenzweg
L 480
Maasstraße
Heesekerweg
Bosserweg
Geldern

KLOPFER UND KLEIN-KUBA

Unterwegs in Rheinberg

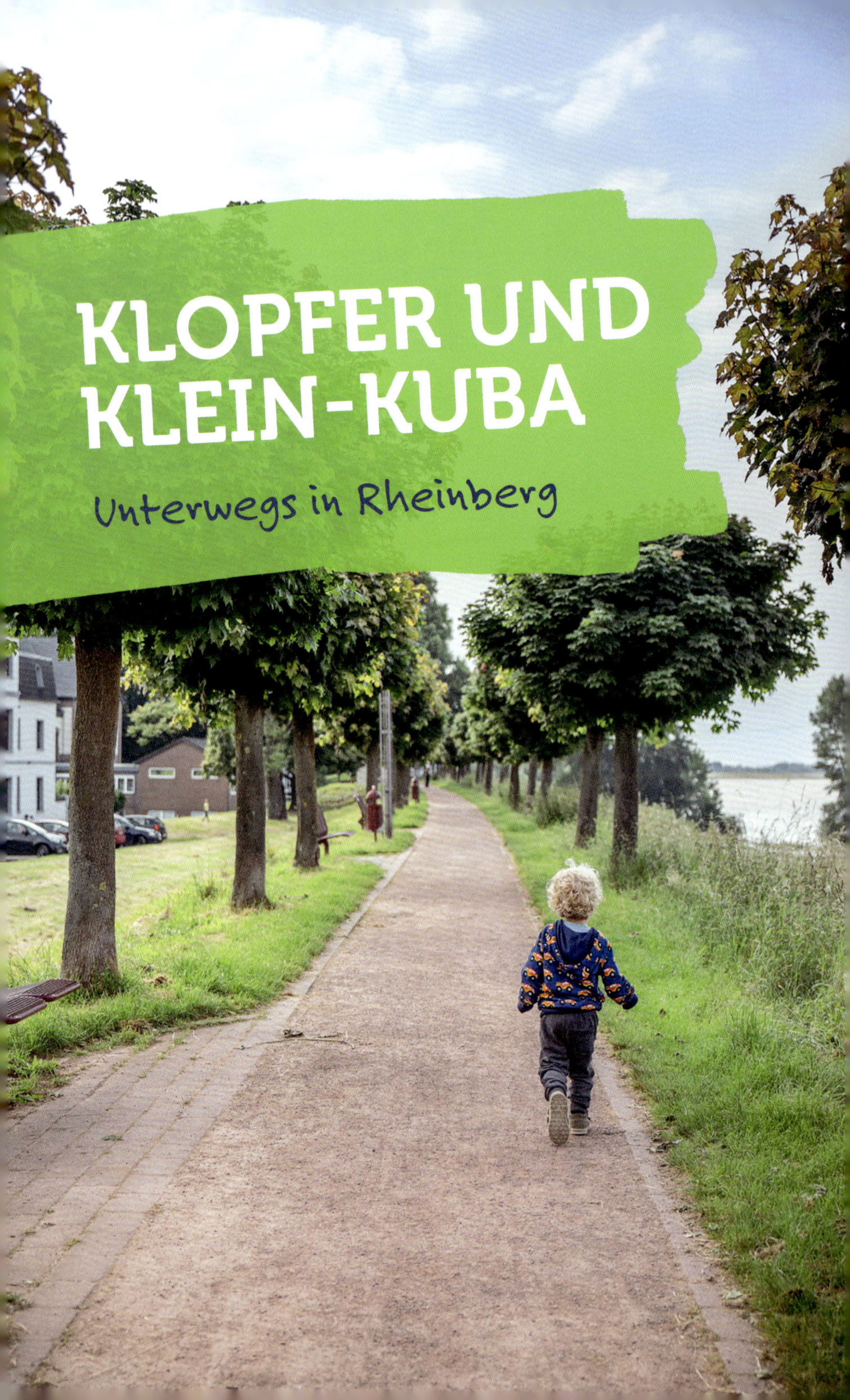

Gewandert am:

Das Wetter heute:

☐ ☐ ☐

Spaßfaktor: ☆☆☆☆☆

Direkt im Rheinbogen zwischen Rheinberg-Eversael und Rheinberg-Orsoy wartet eine bunte Tüte Abenteuer auf euch: Los geht es mit dem Hasenpfad, einem Themenweg rund um Meister Lampe und seine großen und kleinen Verwandten. Entlang des Rheindeichs wandert ihr weiter in das charmante Rheinberg-Orsoy und begebt euch auf Spurensuche rund um die historische Festungsanlage.

TOUR 8

ca. 4 Std. | ca. 8,5 km | 10 m

Start/Ziel: : Rheinberg-Eversael/Rheinberg-Orsoy

Anreise mit ÖPNV: Bushaltestelle Rheinberg Dießen (Buslinie 913, ca. 1x stündlich)

Anreise mit Pkw: Kostenloser Parkplatz am Eingang zum Hasenpfad (Drießen 10a, 47495 Rheinberg)

Wegbeschaffenheit: Naturbelassene Wege und Asphalt

Wegbeschreibung: Wanderungen mit Kindern starten am besten, wenn es direkt spannend losgeht. Der Einstieg in eure Tour von Rheinberg-Eversael nach Rheinberg-Orsoy bietet euch genau so einen idealen Start. Schon am Parkplatz steht das erste Schild, das euch den Verlauf des 3,7 Kilometer langen Hasenpfads zeigt. Es geht zunächst geradeaus Richtung Rheindeich, und für Kinder lautet auf der Runde das Kommando: „Wer findet das nächste Schild?" Flink wie die Hasen werden die keinen Füße losdüsen. Insgesamt neun Stationen verraten für Groß und Klein spannende Fakten über Meister Lampe: Was ist eigentlich der Unterschied zwischen Hasen und Kaninchen? Was mümmeln sie am liebsten? Und warum müssen Hasen erst einen kräftezehrenden Boxtanz aufführen, bis sie zur Paarung bereit sind? Auf dem Hasenpfad erhaltet ihr Antworten auf diese und noch viel mehr Fragen.

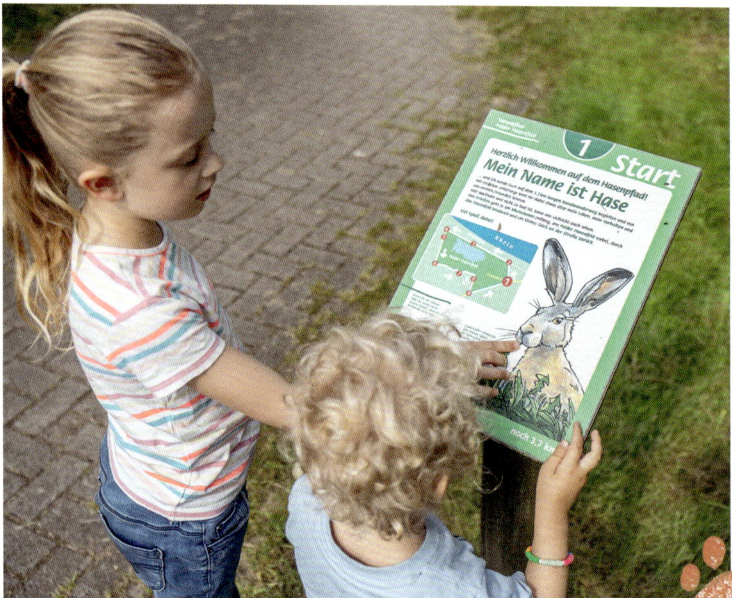

Die Schilder sind auf genau der richtigen Höhe für kleine Entdecker.

A propos Fragen: Die wohl naheliegendste stellen ganz sicher eure Kinder, nämlich: „Wo sind denn jetzt die Hasen?" In den frühen Morgen- oder Abendstunden habt ihr die besten Chancen auf der Runde tatsächlich Hasen zu beobachten. Tagsüber gönnen sie sich eine Pause und verweilen zumeist in ihren Hasenbauten – die Eingänge erkennt ihr oft an größeren Löchern auf den Feldern.
Zwischen Station 2 und 4 lohnt unbedingt der kurze Abstecher hinauf auf den Rheindeich: Dort genießt ihr einen tollen Blick über den Rhein, auf die großen Kraftwerke in Duisburg-Walsum und Voerde und natürlich auf viele vorbeiziehende Schiffe. Außerdem kreisen Scharen an Vögeln über eure Köpfe: Störche, Schwalben, Möwen und viele mehr kreischen um die Wette.

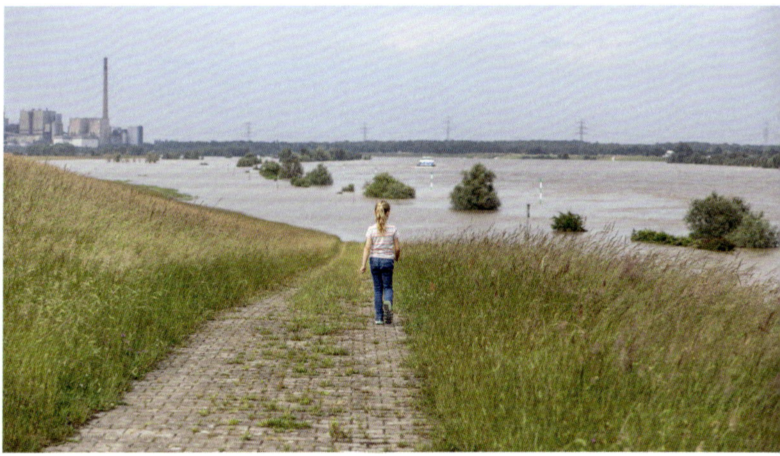

Vom Rheindeich aus gibt es immer viel zu entdecken.

Mit dem Laufrad, Kinder- oder Bollerwagen ist die Runde wunderbar zu meistern – lediglich der letzte Abschnitt zwischen Schild 6 und 9 ist etwas naturbelassener und teilweise sehr schmal und dicht bewachsen. Hier sollten eure Knirpse auf dem Laufrad schon fit sein und Kinderwagen sind bestenfalls geländegängig. Vorbei an der Drießener Mühle und dem Wanderparkplatz wandert ihr zurück zum Rheindeich, also zu Station 2 des Hasenpfads und biegt dort nach rechts ab. Für einen Kilometer verläuft der Weg direkt unterhalb des Deichs, bevor ihr am Parkplatz die Straße Drießen überquert und auf dem schmalen Fußweg nach links weiter geht. Der nächste Kilometer führt euch direkt an der Landstraße entlang. Keine Frage: Diese Abschnitte erfordern oft ein wenig Kreativität, um die Minis bei Laune zu halten. Und die Versuchung ist groß einfach über den Deich zu gehen, um die spannende Aussicht zu genießen. Aber die empfindliche Deichkrone würde durch Wanderer zerstört und die Oberfläche aufgeweicht werden.

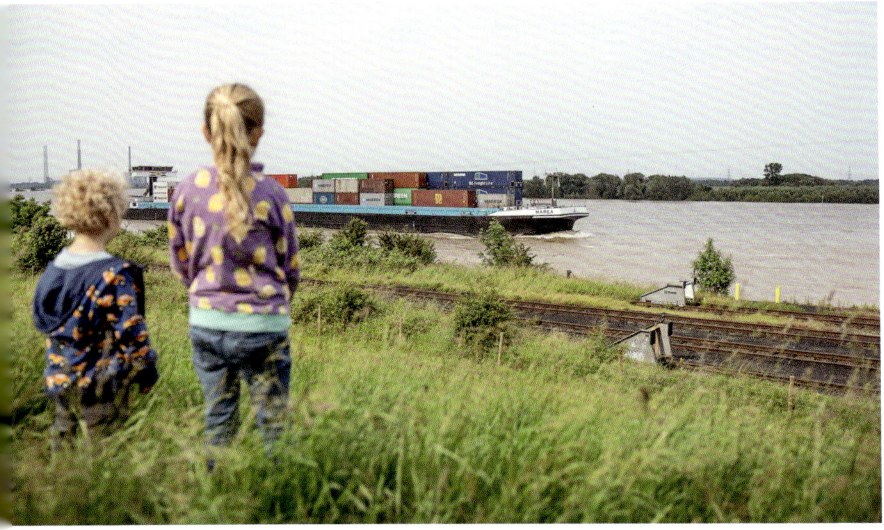

Rhein-Momente: Container zählen oder einfach nur die großen Schiffe beobachten

Vielleicht hilft die Vorfreude auf das, was euch im charmanten Orsoy erwartet. Und überhaupt, ganz wichtig: Wie spricht man „Orsoy" eigentlich aus? Touristen neigen sicherlich zu „Orseu" aber richtig ist „Orsau".

Im Ortsteil angekommen geht es scharf links in die Hafenstraße und von dort direkt über die Deichpromenade zum kleinen Rheinstrand. Wenn kein Rheinhochwasser ist, könnt ihr hier wunderbar picknicken, die Füße in den Sand stecken oder sogar Muscheln sammeln. Über die hübsch angelegte Promenade geht es ins Zentrum von Orsoy.

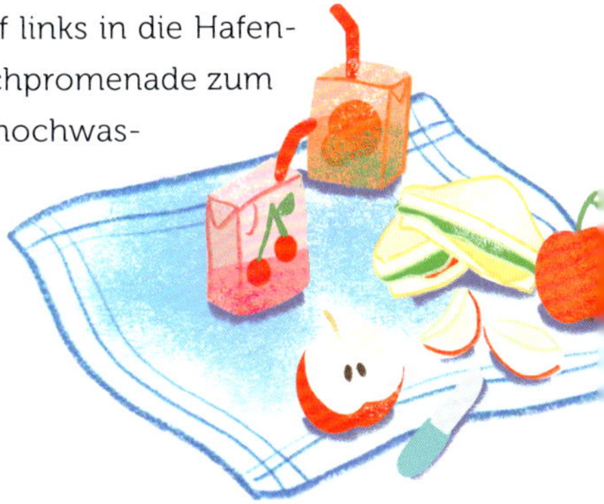

Am Weg

DEICHPROMENADE

Die Deichpromenade ist Teil der historischen Festungsanlage. Einst gab es vier Stadttore, die jedoch im Zweiten Weltkrieg zerstört wurden. Einzig das 1937 erbaute Hochwasserschutztor ist bis heute intakt. Zu genau diesem Schutztor gelangt ihr auf direktem Weg bei eurer Runde über den Wallpromenadenring. Für meine Kinder wurde das Stadttor kurzerhand zur Festung, sie waren die Ritter und sind treppauf, treppab um ihre Burg herumgesaust. Noch begeisterter waren sie vom kleinen Spielplatz in der Nähe des Blauen Turms. Die in den Hang gebaute lange Rutsche ist ein verdienter Zwischenstopp!

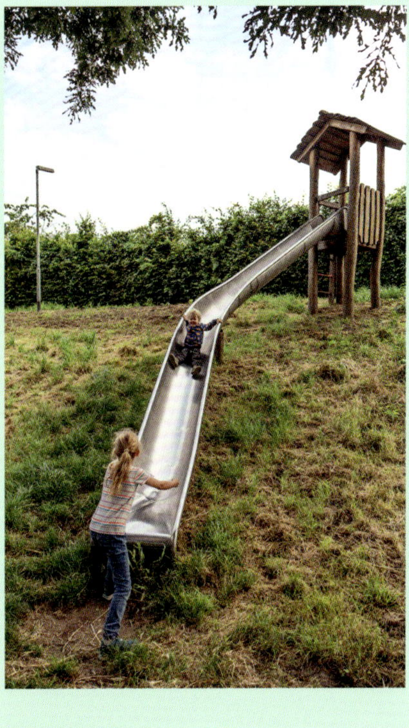

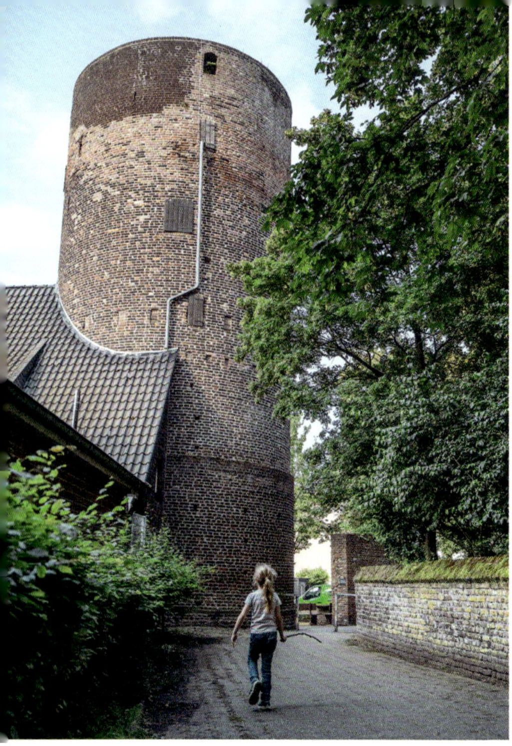

Unterwegs auf dem Wallpromenadenring

Der 18 Meter hohe Pulverturm ist das nächste Etappenziel. Der letzte erhaltene Turm der Befestigungsanlage war Teil der bis zu acht Meter hohen Stadtmauer. Oberhalb der weit angelegten Streuobstwiese führt euch der Weg nun vorbei an einem weiteren Stück Geschichte: Die ehemalige Tabakfabrik am Südwall. Orsoy lebte fast 100 Jahre von florierender Zigarrenproduktion. Tabakblätter von höchster Qualität kamen z. B. aus Kuba und die Niederlande über den Rhein direkt nach Orsoy. Bis zu 1 Million Zigarren wurden in neun Fabriken in der Blütezeit Anfang des 20. Jahrhunderts pro Woche in Orsoy produziert.

Tipp

In der Kuhstraße gibt es Orsoys beste Waffeln und das sogar To go! Bei Frau Ella könnt ihr wahlweise im kleinen Café oder Hinterhof genießen oder euch eure Leckerei mitnehmen und wenige Schritte weiter am Rhein genießen. Egal ob frische Waffeln mit Schoko-ladesauce und Streuseln oder ein Vanillesofteis mit Marshmallows: Hier werden Klein und Groß glücklich.
Frau Ella Kaufladen & Café, Kuhstraße 6, 47495 Rheinberg, weitere Informationen unter www.frau-ella-orsoy.eatbu.com

Die letzte Etappe führt euch über den Süd- und Westwall zurück zum Nordwall und damit ganz in die Nähe des Ziels eurer Wanderung. Denn von dort sind es bis zum Abenteuerspielplatz am Hafendamm nur noch wenige Schritte. Nach Ausgiebigem Klettern und Toben geht es von der Bushaltestelle Grundschule Orsoy mit dem Bus in wenigen Minuten zurück nach Rheinberg Drießen. Die Buslinie 913 fährt ca. 1 x stündlich.

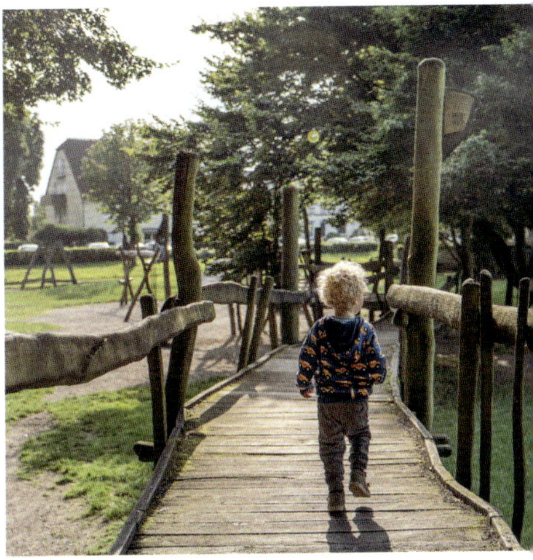

Abstecher

Vom Rheintor in Orsoy könnt ihr die Rheinfähre Walsum schon sehen. Die „Glück auf" pendelt seit 70 Jahren zwischen Orsoy und Duisburg-Walsum hin und her. Eine Überfahrt dauert nur wenige Minuten. Auf der anderen Rheinseite könnt ihr am Rheinufer spazieren gehen und Muscheln suchen. Die imposante Industriekulisse ist nicht beschaulich, aber für Kinder ist die Überfahrt immer ein Abenteuer.

Rheinfähre Walsum-Orsoy, mehr Informationen unter www.rheinfaehre-walsum.de

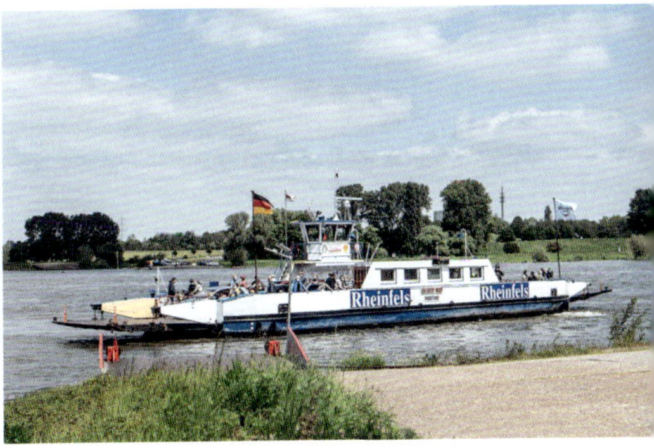

SCHIFFE ZÄHLEN

Bei eurer Wanderung am Rhein entlang könnt ihr bestimmt viele Schiffe und Boote sehen. Schreibt in die Kästchen, welche und wie viele der jeweiligen Wasserfahrzeuge ihr gesehen habt! Wisst ihr auch, wie die verschiedenen Boote heißen?

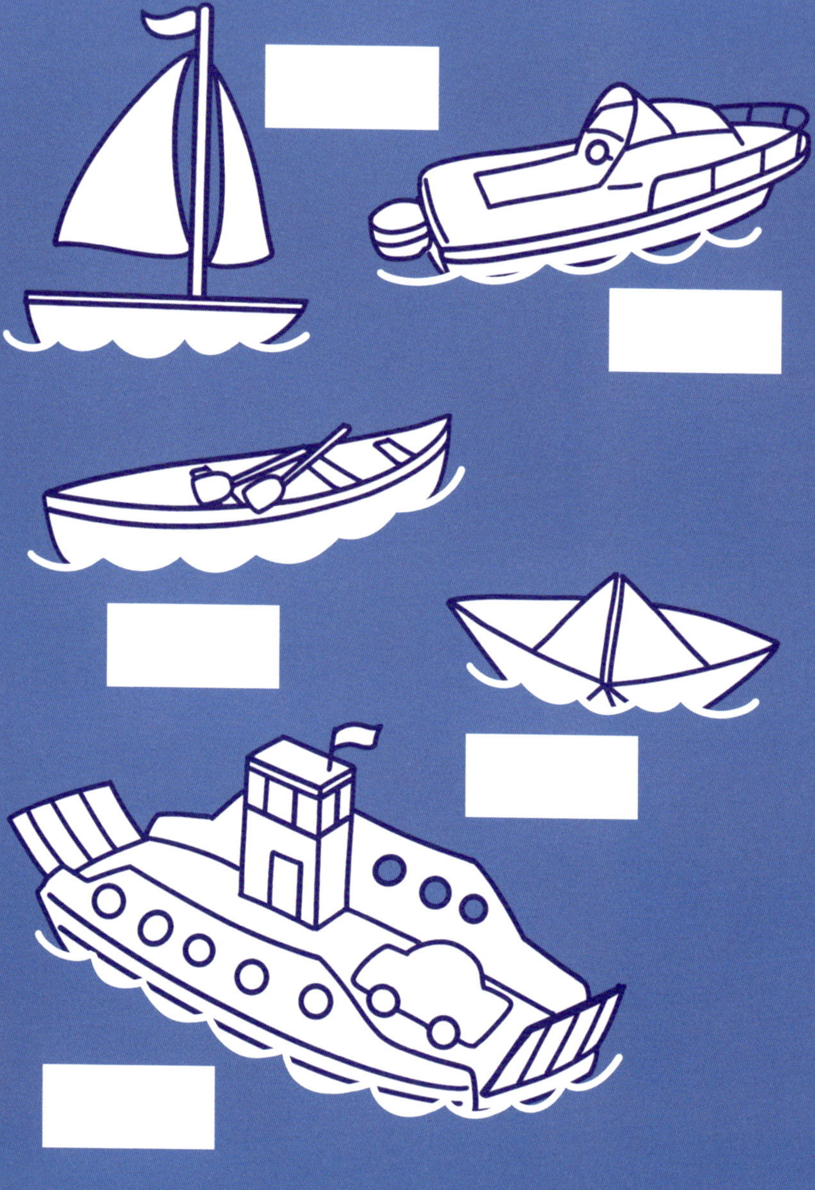

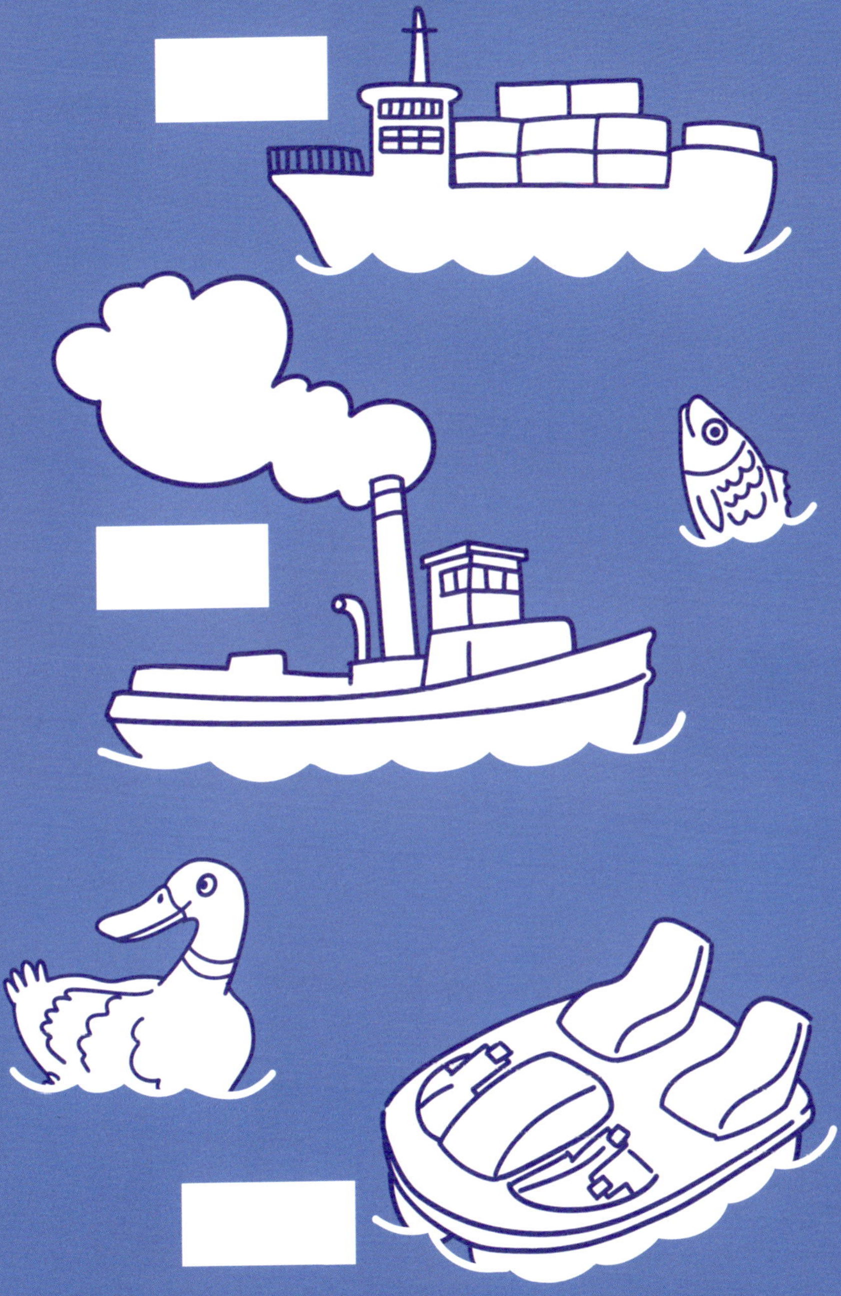

TOUR 8

- Startpunkt
- Zielpunkt
- Parkplatz
- Haltestelle
- Spiel & Spaß
- Gastronomie
- Burgen/ Schlösser/ Historische Orte
- Aussichtspunkt

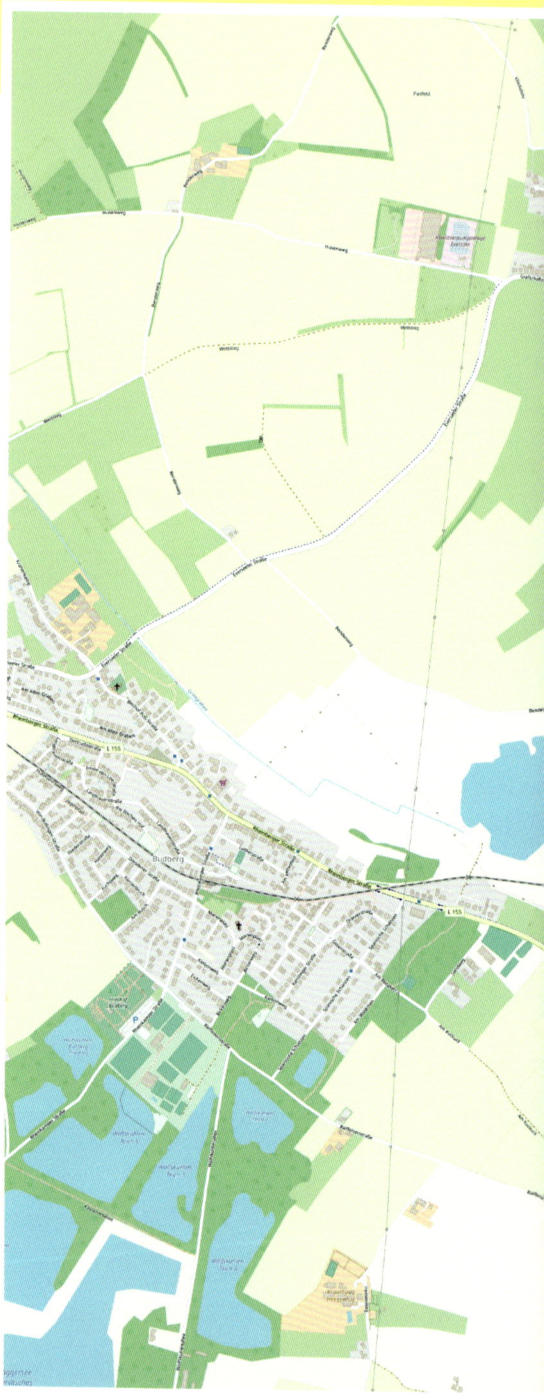

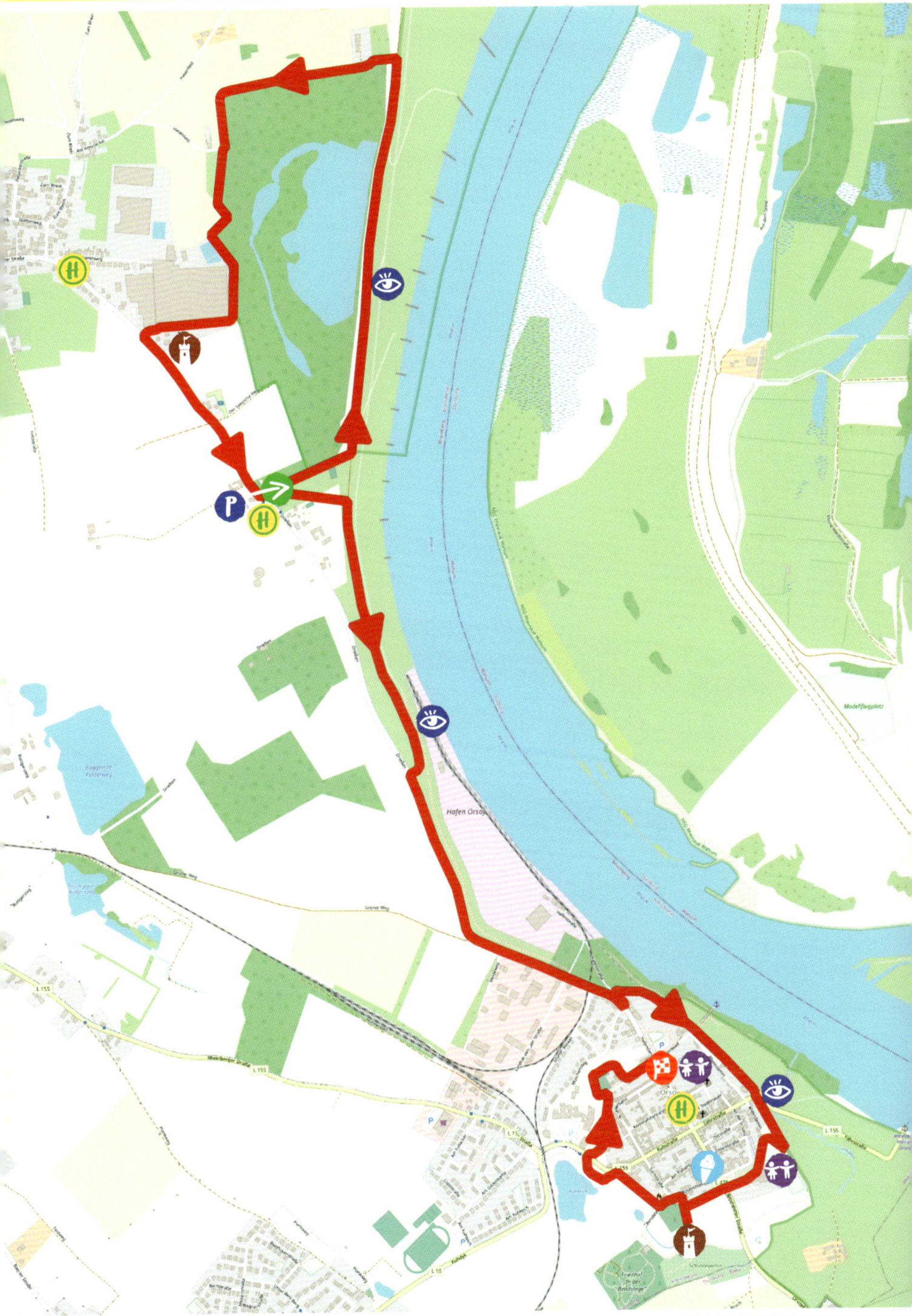
Hafen Orsoy
Modellflugplatz
L 155
L 10

IMMER DER NIERS NACH

Natur & Tiere in Weeze

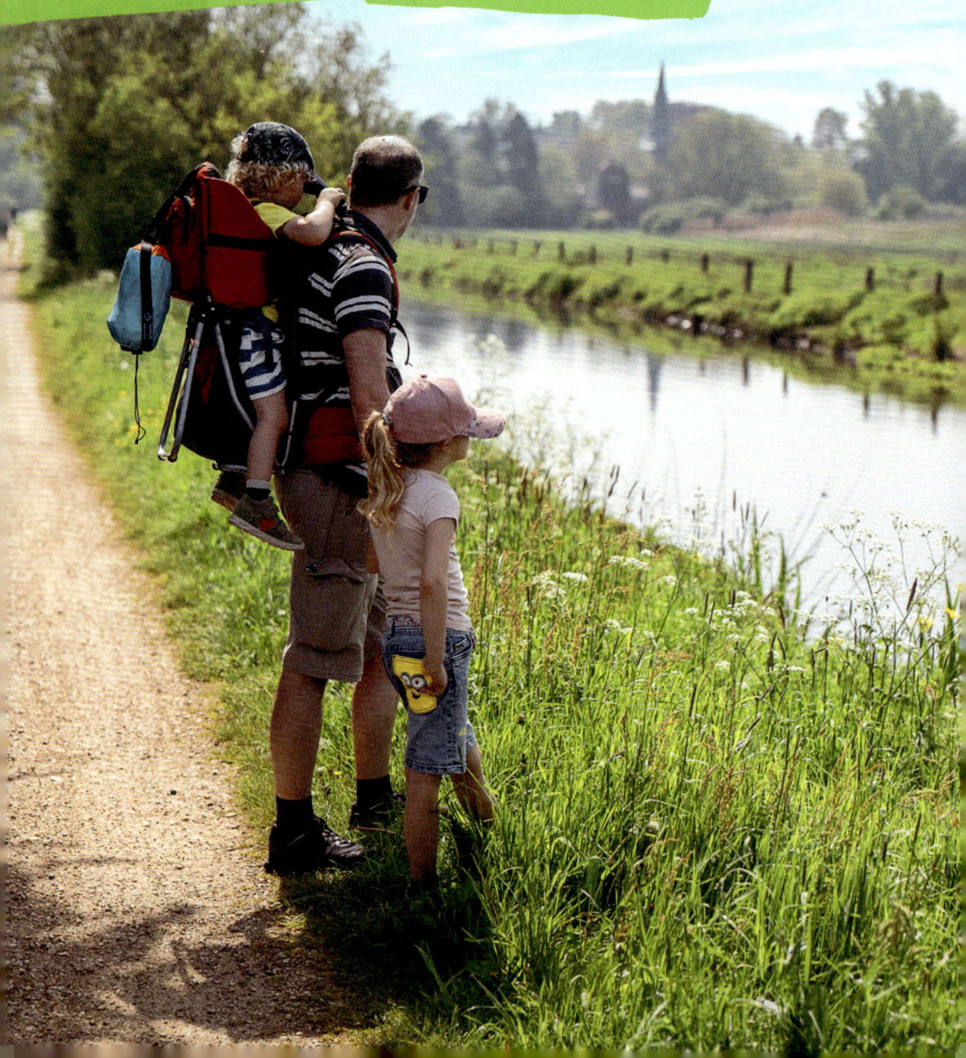

Gewandert am:

Das Wetter heute:

☐ ☐ ☐

Spaßfaktor: ☆☆☆☆☆

Rund 112 Kilometer fließt die Niers durch den Niederrhein. Mal schnurstracks geradeaus, mal sich natürlich schlängelnd. Auf dieser Wanderung erlebt ihr den Zauber der Niers-Landschaft hautnah. Außerdem warten ein toller Tierpark nebst dem wohl dem schönsten Familiencafé am Niederrhein, ein spannender Entdeckerweg im Wald mit Barfußpfad und Baumstamm-Tipis und zum Schluss ein großer Spielplatz mit tollen Klettergerüsten und Wasserabenteuerstelle.

TOUR 9

ca. 3,5 Std. | ca. 8 km | 10 m

Start/Ziel: Weeze

Anreise mit ÖPNV: Bushaltestelle Weeze Bahnhof (hier halten sowohl Züge als auch diverse Buslinien) und von dort zu Fuß durch die Altstadt bis zum Fährsteg

Anreise mit Pkw: Parkplatz am Fährsteg oder am Tierpark (Hertefeld 4, 47652 Weeze)

Wegbeschaffenheit: naturbelassene Wege und nur wenig Asphalt

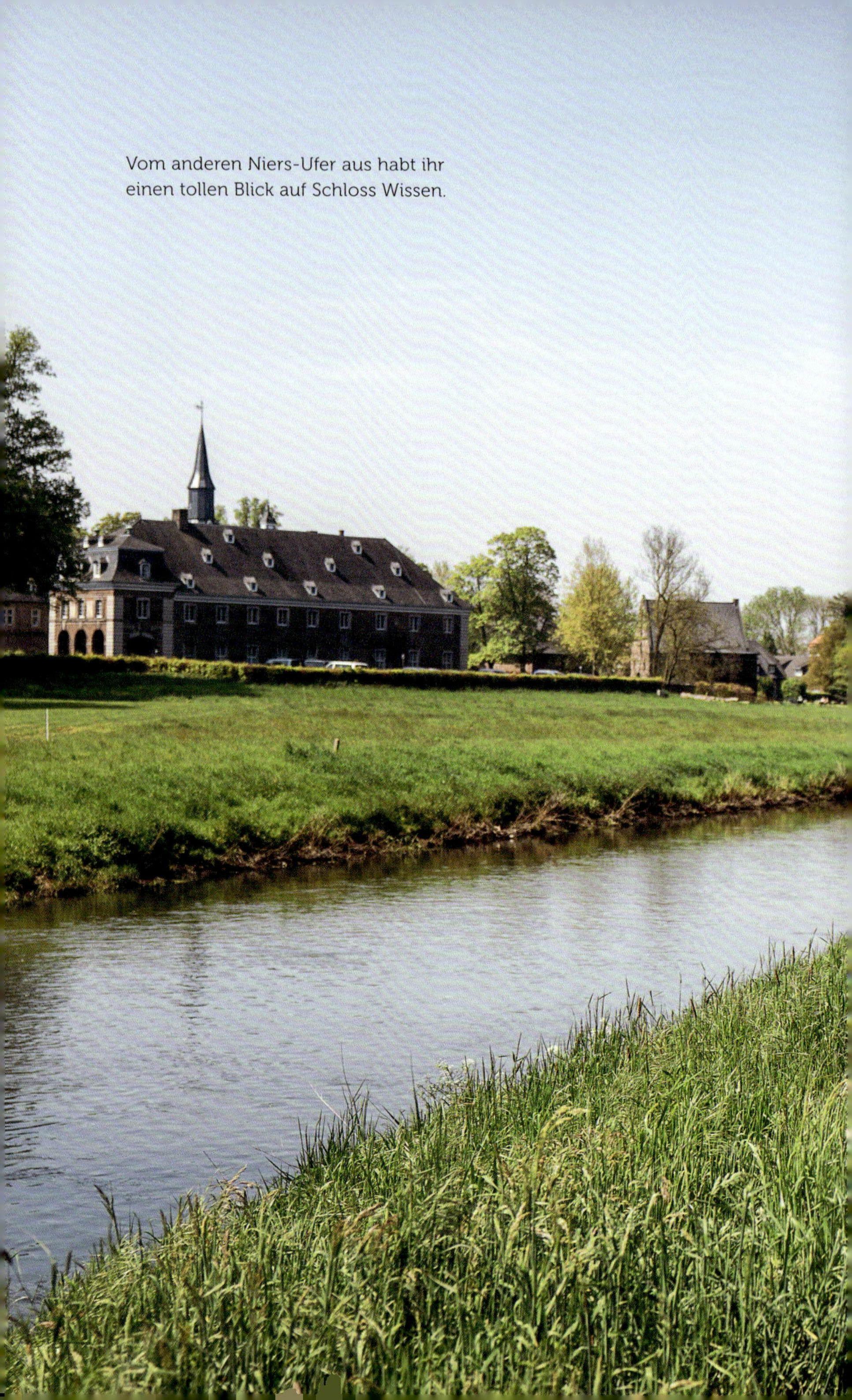

Vom anderen Niers-Ufer aus habt ihr einen tollen Blick auf Schloss Wissen.

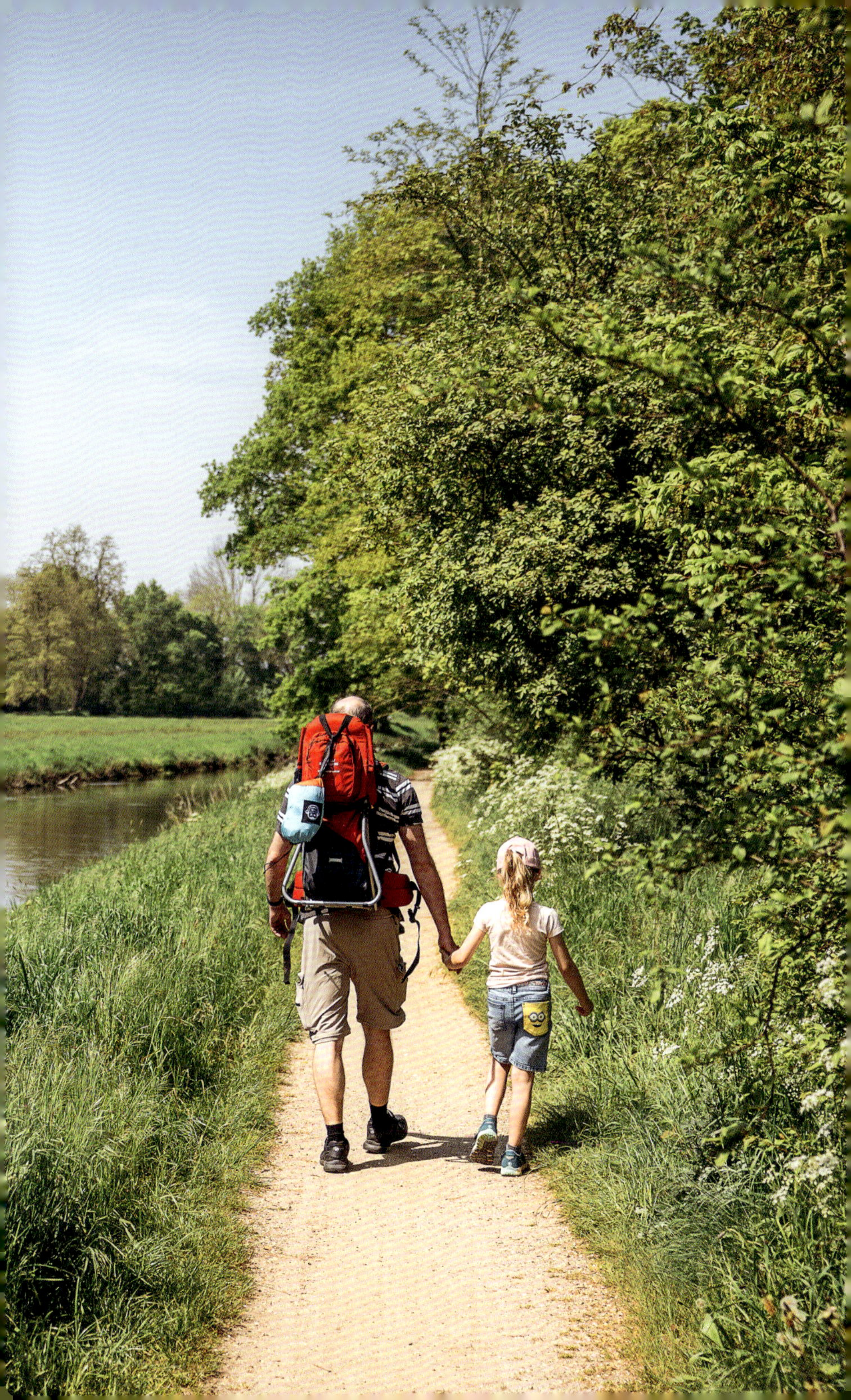

Wegbeschreibung: Vom Parkplatz aus überquert ihr direkt die Niers und biegt danach links ab Richtung Kanu-Anleger. Es geht weiter geradeaus vorbei an Schloss Hertefeld, das ihr auf der anderen Uferseite durch die Bäume erahnen könnt. Über die geschwungene Niersbrücke geht es auf die andere Seite und direkt in den hinteren Teil des Tierparks Hertefeld. Der Tierpark ist kostenfrei zugänglich – Spenden sind gerne erwünscht. Haltet euch immer rechts auf dem Weg, vorbei an Schafen, Esel und Ponys bis an den hinteren Teil des Parks, den ihr durch eine Schiebetür verlasst. Ab durch die Unterführung der Gocher Straße und direkt danach links auf den Nierswanderweg Richtung Schloss Wissen.

Tipp

Entlang der Niers könnt ihr wandern, hervorragend radeln oder: Darauf Kanu oder Kajak fahren. Gerade mal rund 70 Zentimeter Wassertiefe – je nach Abschnitt und Jahreszeit – und wenig Strömung machen die Niers zum idealen Anfängerrevier. Von Schloss Wissen nach Weeze sind es gerade einmal 4 Kilometer und eine knappe Stunde auf dem Wasser. Weitere Abstecher führen z. B. zur Anlegestelle Kalbecker Forst (9 Kilometer und ca. 2,5 Stunden) oder nach Goch (14 Kilometer, ca. 3,5 Stunden). Alle Touren müssen vorher reserviert werden, damit sowohl Boote als auch Ausrüstung zu eurem Wunschzeitpunkt vor Ort sind. Der Rücktransport erfolgt entweder individuell (z. B. Taxi oder Absprache mit dem Anbieter) oder mit dem ÖPNV (von Goch nach Weeze führt eine Bahnstrecke).

Freizeit Schwarz, Holtumsweg 4, 47652 Weeze,
mehr Informationen: www.freizeit-schwarz.com

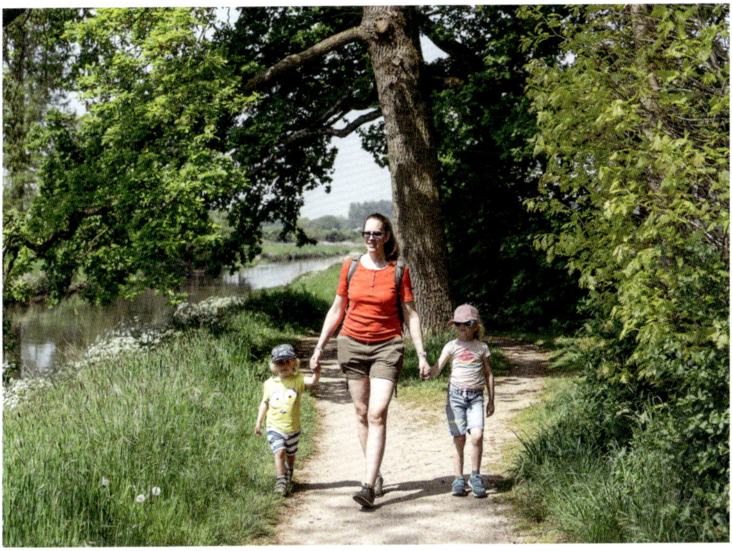

Direkt am Wasser gibt es immer viel zu entdecken – im Sommer z. B. regelmäßig Kanufahrer.

Nach ca. 200 Metern erreicht ihr die Niers und wandert nun die nächsten 2 Kilometer direkt am Wasser entlang. Eine kleine Brücke führt über einen Niersaltarm, der euch später auf der Tour noch einmal begegnen wird. Der Weg führt mal an Feldern vorbei, ist mal schattig durch weit überhängende Bäume und dann wieder mit herrlichem Weitblick bis zum Horizont. Nach ca. der Hälfte des Weges könnt ihr Schloss Wissen schon erkennen. Das Wasserschloss ist seit 17 Generationen in Familienhand und beheimatet heute Ateliers, Werkstätten sowie ein Restaurant und Tagungshotel. Abgesehen vom großen Innenhof ist die schönste Aussicht aufs Schloss aber genau hier, wo ihr gerade seid.

Auf Höhe von Schloss Wissen teilt ein Baum den Nierswanderweg in zwei Teile und nach links zweigt ein schmaler Pfad in den Wald ab. Diese Stelle eignet sich ideal für ein kleines Picknick im Grünen und direkt am Wasser. Denn nach der Stärkung sagen wir erst einmal tschüss zur Niers und folgen dem Weg nach links und direkt wieder links in den Wald.

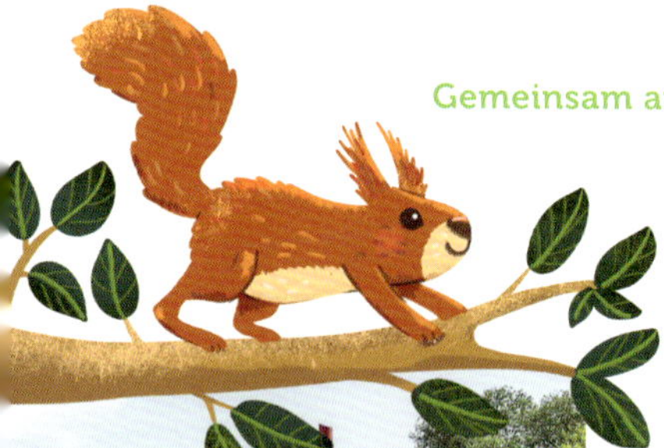

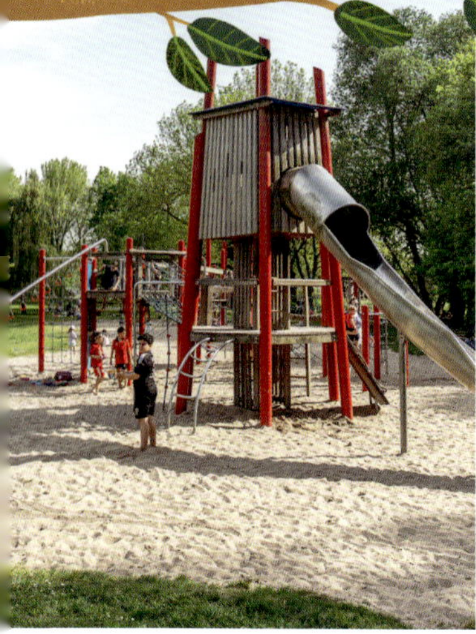

Die verdiente Belohnung im Park am Fährsteg

Der Weg führt nahezu immer geradeaus durch den Wald. Nach etwa 600 Metern zweigt den Weg kurz nach rechts und dann wieder links. Am Ende des Wegs trefft ihr auf den Kambecksweg und folgt ihm nach links vorbei aus dem Wald hinaus aufs Feld. Vorbei an einem Bauernhof wandert ihr immer den Weg entlang – und habt vielleicht je nach Jahreszeit Glück und den Ausblick auf blühende und duftende Rapsfelder. Am Ende des Feldes erreicht ihr den nächsten Waldabschnitt und zweigt nach wenigen Schritten nach links in den kleinen Waldpfad in Richtung Niers-Altarm ein.

Der urige schmale Pfad führt euch am nahezu stehenden Niers-Altarm entlang und direkt auf den Naturerlebnispfad. Der Weg ist mit einem kleinen grünen Blatt, nämlich Weezi dem Blattwichtel, gut markiert.

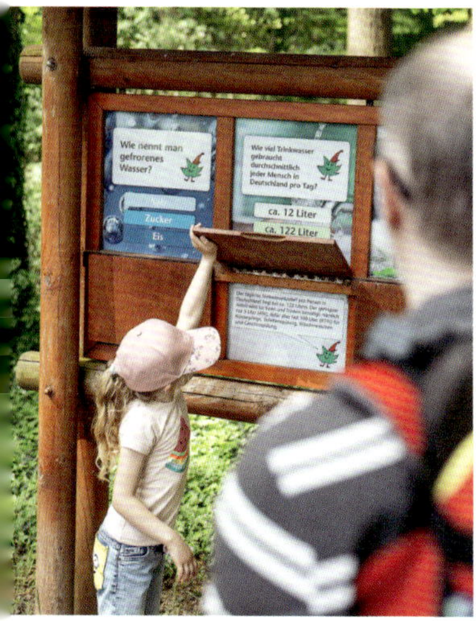

Auf Naturlehrpfaden werden auch die Großen gefordert.

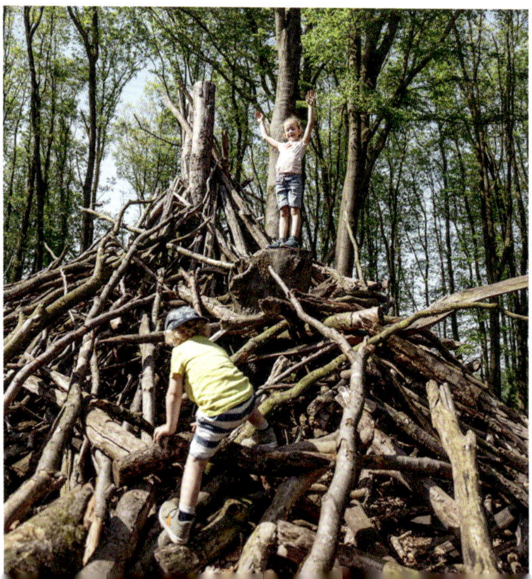

Weiter geradeaus geht zu den Träumerliegen, spannenden Aussichtsstellen direkt am Niersaltarm und Klanghölzern. Das imposante Waldmikado weckt endgültig den Spiel- und Entdeckerdrang bei allen Kindern. Aus riesigen Ästen wurden übergroße Baumstamm-Tipis errichtet. Perfekt zum Klettern, hinein gehen und verstecken spielen. Als letzte Station des Naturerlebnispfads wartet noch ein kleiner Barfußpfad – na, wer traut sich mit nackten Füßen z. B. über Zapfen zu laufen? Zurück zum Parkplatz geht es wieder durch den Tierpark Hertefeld, allerdings durch das Schiebetor geradeaus und dann rechts. Dort kommt ihr auch direkt am Familiencafé Eselohr vorbei.

Am Weg

FAMILIENCAFÉ UND ABENTEUERSPIELPLATZ

Das Familiencafé Eselsohr ist mit toller Spiel- und Leseecke perfekt auf die Bedürfnisse von großen und kleinen Besuchern ausgelegt. Der zweite Teil des Tierparks liegt genau zwischen Café und Parkplatz am Fährsteg. Und wenn immer noch Energie da ist, dann haben sich alle den tollen Abenteuerspielplatz im Park am Fährsteg verdient: große Klettergerüste, Rutschen, Karussells und ein Wasserspielplatz mit Pumpe und Bachlauf freuen sich auf Entdeckung.

Familiencafé Eselsohr, Hertefeld 3, 47652 Weeze,
mehr Informationen: www.cafe-eselsohr.de

TIERBEGEGNUNGEN

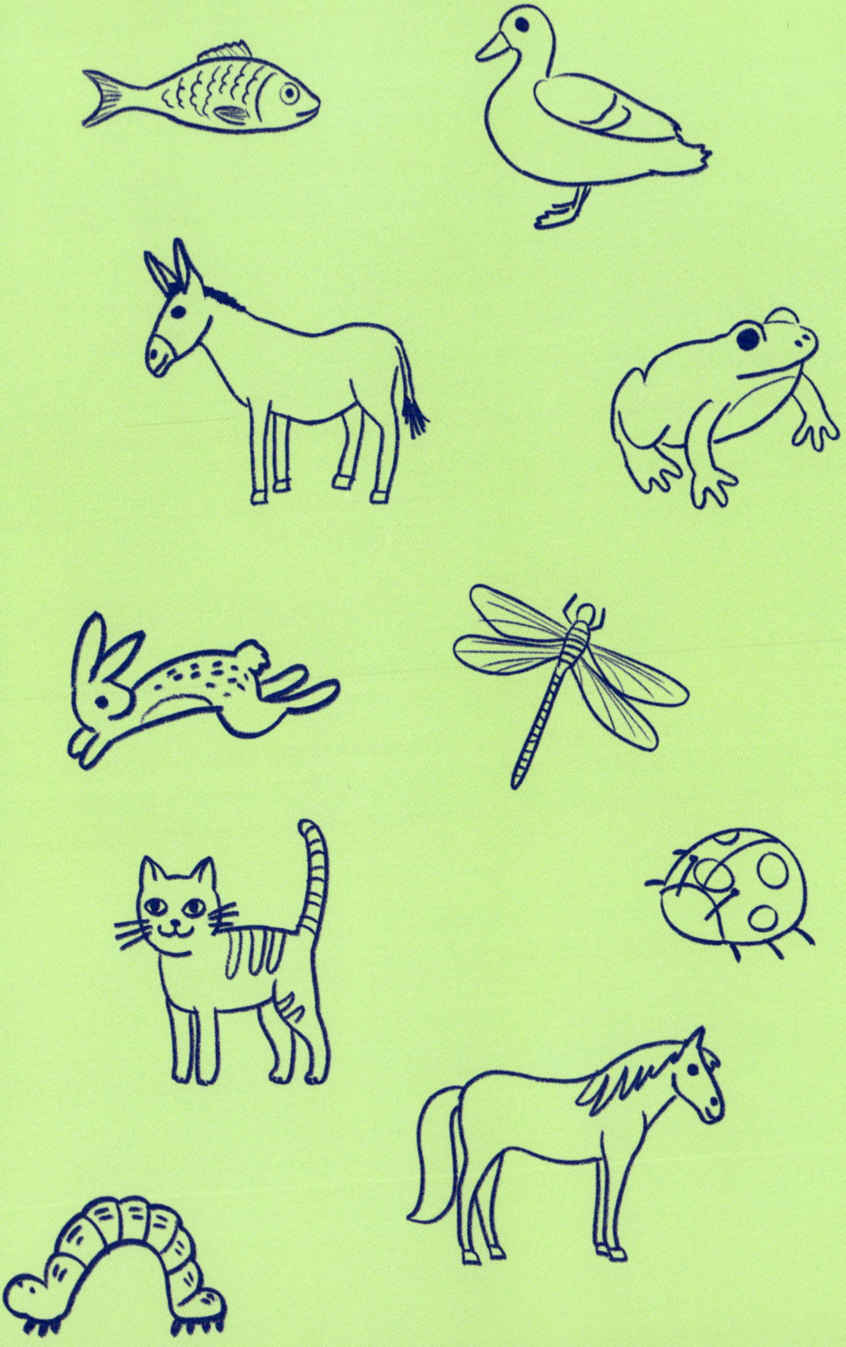

Bei eurer Wanderung in Weeze seid ihr sicher vielen Tieren begegnet. Findet ihr die links abgebildeten Tiere im Quadrat auf der rechten Seite?

Welche davon habt ihr heute unterwegs gesehen?

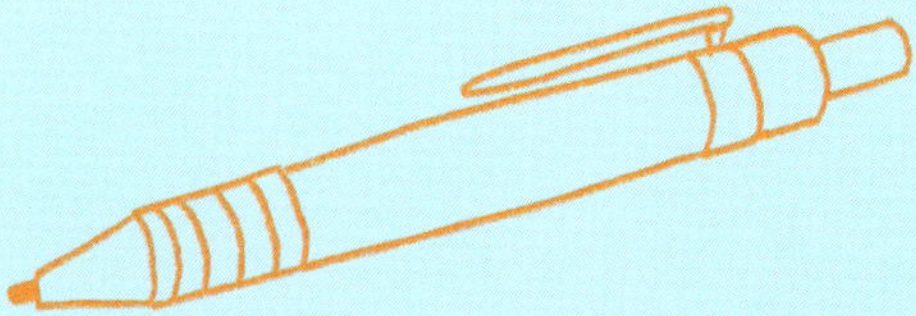

L	P	F	R	O	S	C	H	A
I	F	I	S	C	H	K	X	J
N	E	S	E	L	P	A	U	T
P	R	C	T	I	S	E	S	H
Q	D	H	A	B	Y	F	J	E
K	A	T	Z	E	M	E	M	N
O	U	L	N	L	Z	R	I	T
R	P	F	E	L	F	A	E	E
R	A	U	P	E	K	T	Z	O

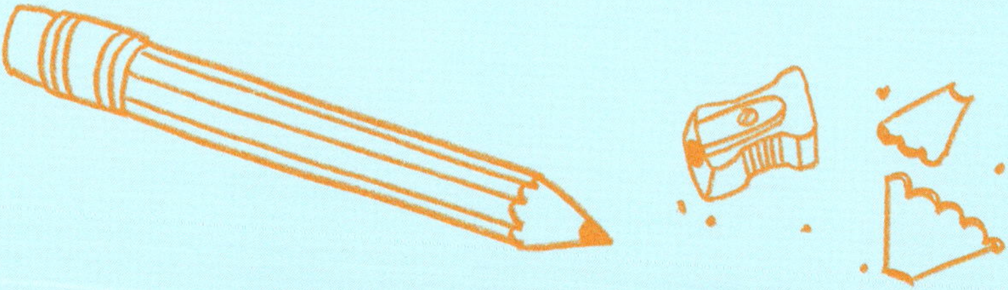

TOUR 9

Startpunkt

Zielpunkt

Parkplatz

Haltestelle

Spiel & Spaß

Gastronomie

Burgen/
Schlösser/
Historische Orte

Aussichtspunkt

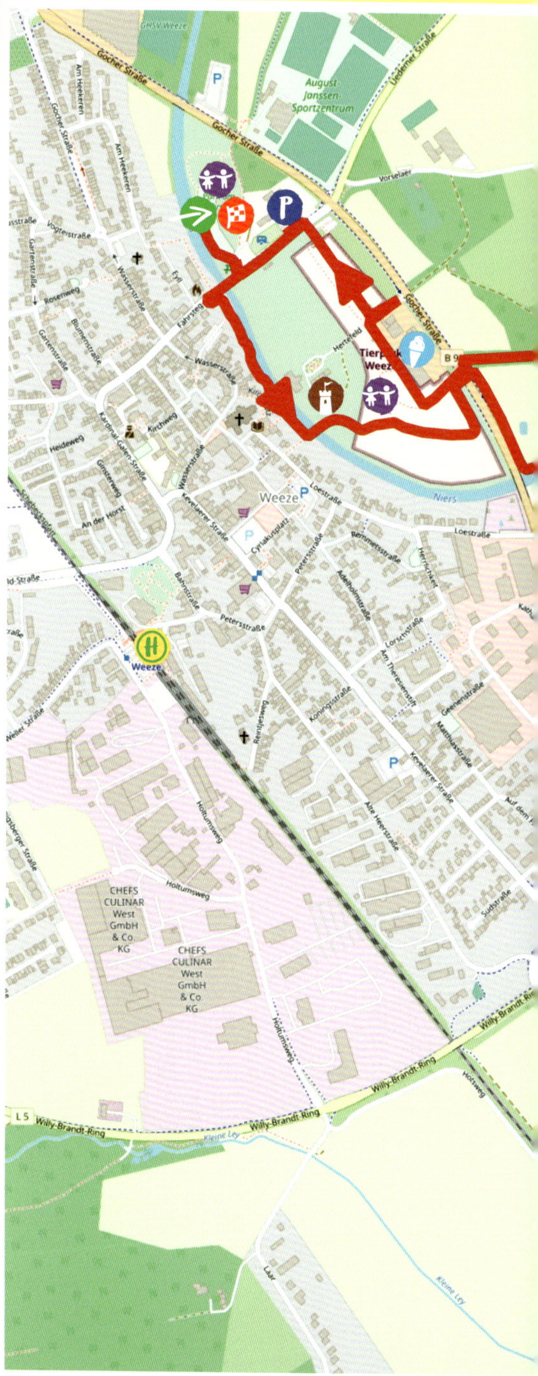

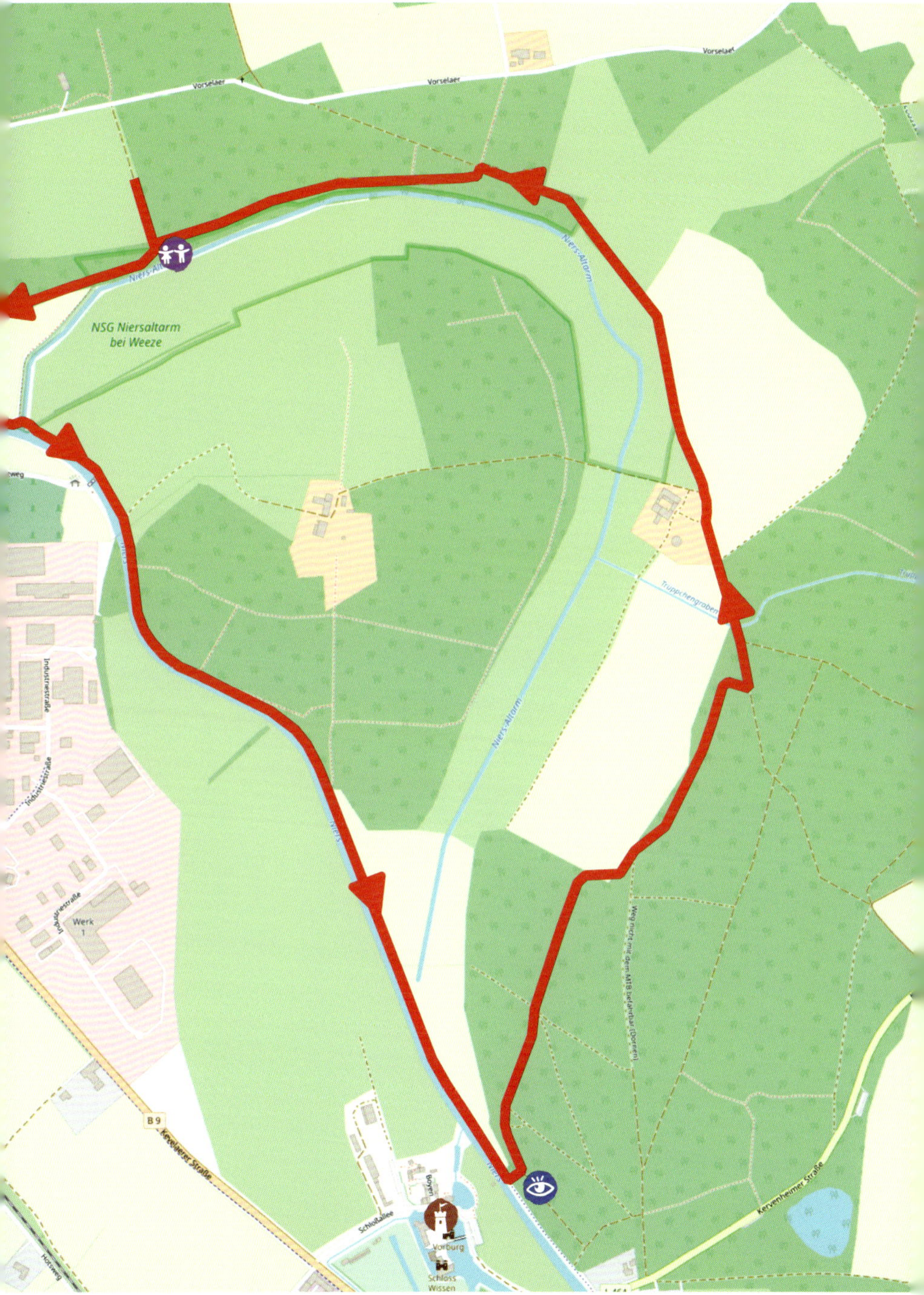
Vorselaer
Vorselaer
Vorselaer
NSG Niersaltarm
bei Weeze
Niers-Altarm
Niers-Altarm
Truppchengraben
Industriestraße
Werk
1
B 9
Kevelaerer Straße
Kervenheimer Straße
Schlossallee
Vorburg
Schloss
Wissen

AUF UND AB!

Abenteuer in der Sonsbecker Schweiz

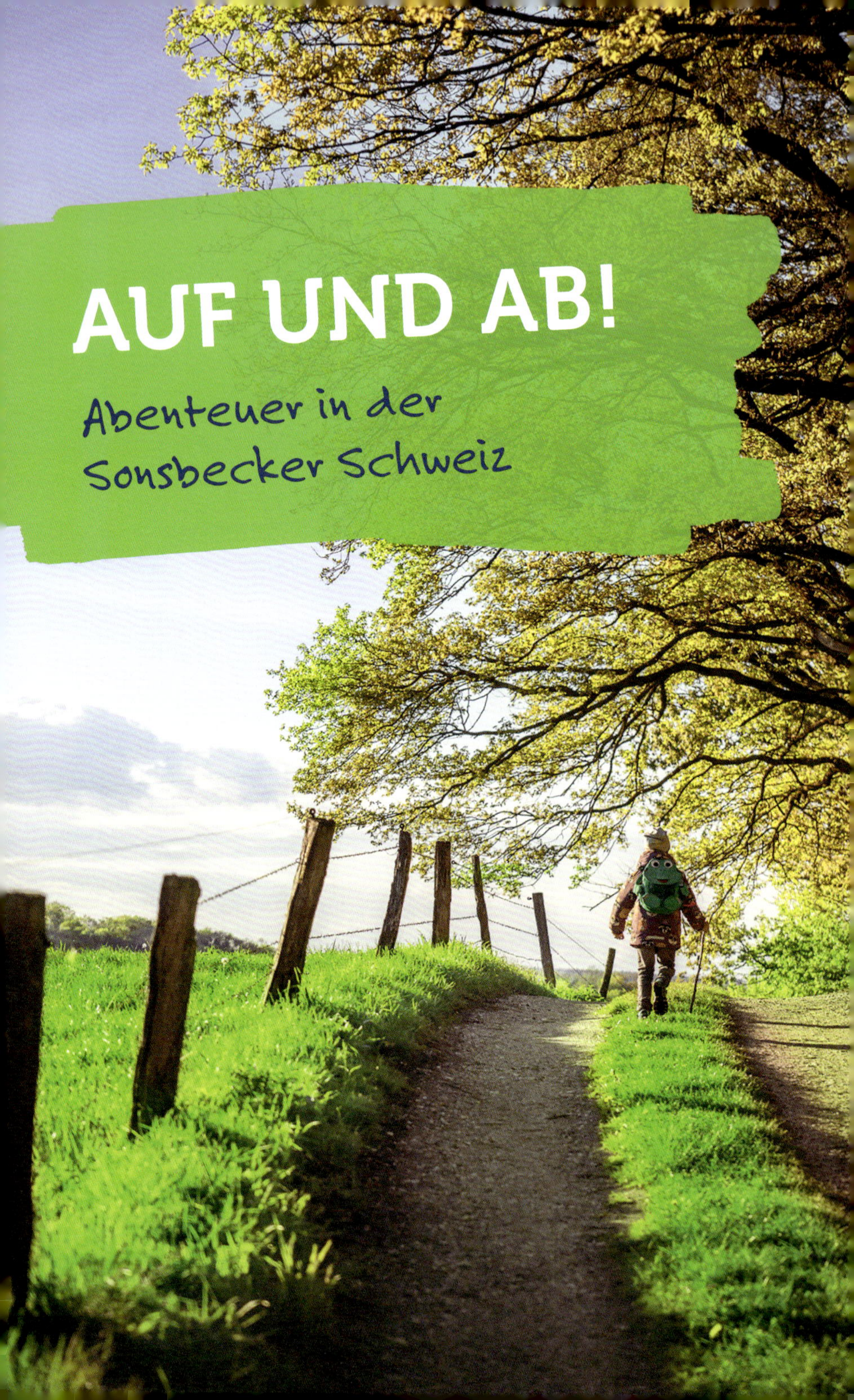

Gewandert am:

Das Wetter heute:

☐ ☐ ☐

Spaßfaktor: ☆☆☆☆☆

Der Niederrhein bietet landschaftlich eine unglaubliche Vielfalt – aber Berge haben wir hier keine. Nicht so in der Sonsbecker Schweiz. Keine Frage: Seilbahnen, felsige Gipfel oder Heidi und Peter sucht ihr hier natürlich vergeblich. Aber beim Wandern hügelauf hügelab weckt die Sonsbecker Schweiz in euch das heimelig idyllische Gefühl, das ihr sonst vielleicht nur in den Schweizer Bergen erlebt.

TOUR 10

ca. 1,5 Std. | ca. 5 km | 70 m

Start/Ziel: Sonsbeck

Anreise mit ÖPNV: Bushaltestelle Sonsbeck Bergrücken (Buslinie 36)

Anreise mit Pkw: Kostenfreie Parkplätze gibt es am Wanderparkpatz an der Xantener Straße, nördlich von Sonsbeck

Wegbeschaffenheit: Naturbelassene Wege und Asphalt

Wegbeschreibung:

In Deutschland gibt es ca. 130 Schweizen – so viele wie in keinem anderen Land weltweit. Für eine hiesige Schweiz braucht es keine Berge, sondern nur eine besonders reizvolle, liebliche Landschaft. Etwas bei dem wir tief durchatmen und sagen „Hach, wie schön ist es das hier." Eine „Schweiz to go" als kurze romantische Auszeit vom Alltag.

Los geht es aber erst einmal ganz unromantisch am Wanderparkplatz an der Xantener Straße nördlich von Sonsbeck. Vom Parkplatz aus wan-

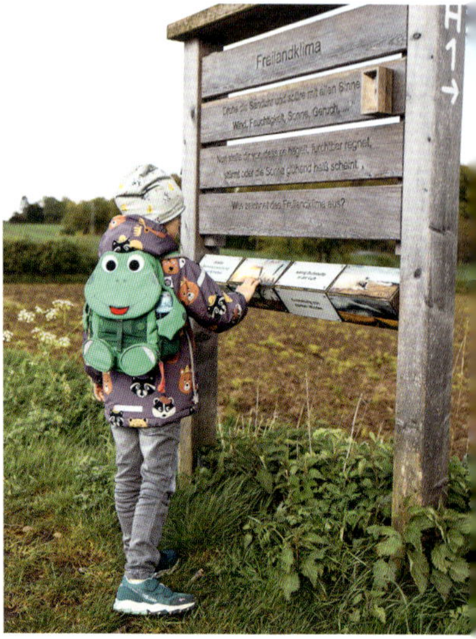

Der Klimapfad am Dürsberg lädt zum Entdecken ein.

Am Weg

TRAKTORENMUSEUM PAUENHOF

Nur fünf Autominuten vom Wanderparkplatz entfernt liegt das Traktorenmuseum Pauenhof. Aus dem ehemaligen Viehzucht-Betrieb wurde in den letzten Jahrzehnten Deutschlands größtes Museum für Landmaschinen. Rund 360 Fahrzeuge vom Kleingerät bis zum Kartoffelroder und Mähdrescher sind hier in mehreren Hallen ausgestellt. Wirklich unvergesslich wird die eigene Traktorfahrt: Für 30 Minuten dürfen sogar Kinder (in Begleitung eines Erwachsenen) hinters Steuer und durch den 4 Hektar großen Park fahren.

Traktorenmuseum Pauenhof, Balberger Str. 72, 47665 Sonsbeck, weitere Infos unter www.traktorenmuseum-pauenhof.de

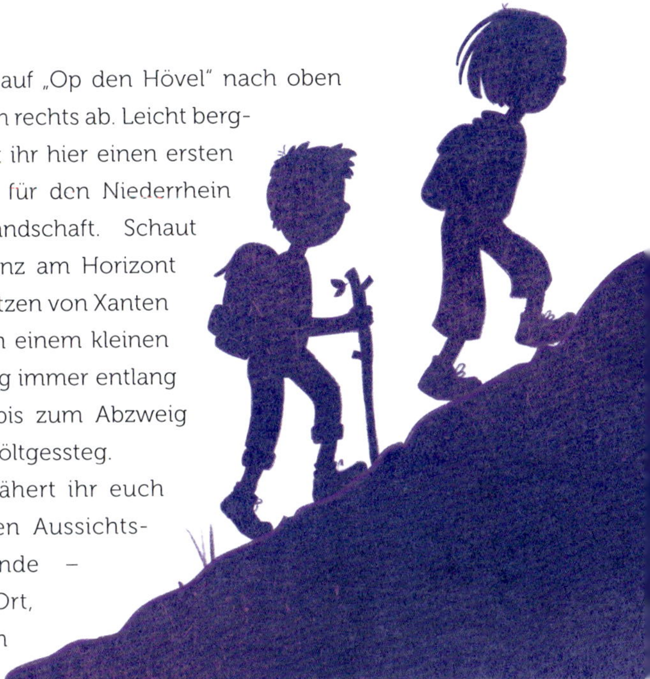

dert ihr linker Hand auf „Op den Hövel" nach oben und zweigt dann nach rechts ab. Leicht bergauf bergab bekommt ihr hier einen ersten Eindruck von dieser für den Niederrhein ungewöhnlichen Landschaft. Schaut mal nach links – ganz am Horizont könnt ihr die Domspitzen von Xanten entdecken! Vorbei an einem kleinen Hof folgt ihr dem Weg immer entlang der Markierung A3 bis zum Abzweig nach rechts in den Höltgessteg. Schritt für Schritt nähert ihr euch einem der schönsten Aussichtspunkte dieser Runde – und damit dem Ort, der dem Beinamen

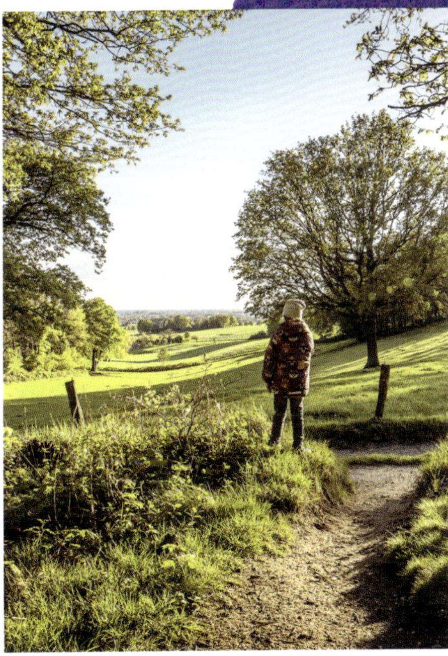

„Schweiz" alle Ehre macht. Der einzelne Baum, der umgeben von sanften Hügeln auf der weiten Wiese steht, vermittelt eine unglaubliche Ruhe. Vielleicht ist deshalb genau hier auch eine Bank – perfekt für eine kleine Rast und den Genuss dieser Aussicht. Ihr folgt dem Weg weiter geradeaus und zweigt dann nach rechts ab.

Vorbei am Höltges Hof – vielleicht habt ihr Glück und es stehen Ponys und Ziegen draußen – genießt ihr den tollen Weitblick „hier oben". An der nächsten Kreuzung nehmt ihr den Weg nach rechts in den Wald hinein.

Falls euer Nachwuchs den ersten Abschnitt der Tour über Asphalt zu langweilig fand, dann werden sie jetzt in ihrem Element sein! Es geht zunächst geradeaus parallel zum Waldrand und dann nach ca. 300 Metern zunächst links, kurz rechts und direkt wieder links durch einen farngesäumten Trampelpfad. Kurze Zeit später seid ihr wieder auf dem Hauptweg durch den Wald, aber dieser Abstecher über dicht bewachsene Pfade ist für Kinder genau richtig. Ihr folgt dem Weg durch den Wald bis zu einer T-Kreuzung und biegt dort nach links Richtung Waldrand ab. An der Durchfahrtsschranke biegt ihr nach rechts Richtung Landstraße ab. Achtung für alle, die mit Online-Kartendiensten navigieren: Die Schranke wird als unpassierbarer Wanderweg markiert. Ihr biegt jedoch unmittelbar davor ab und müsst weder daran vorbei noch liegt sie überhaupt auf eurem Weg.

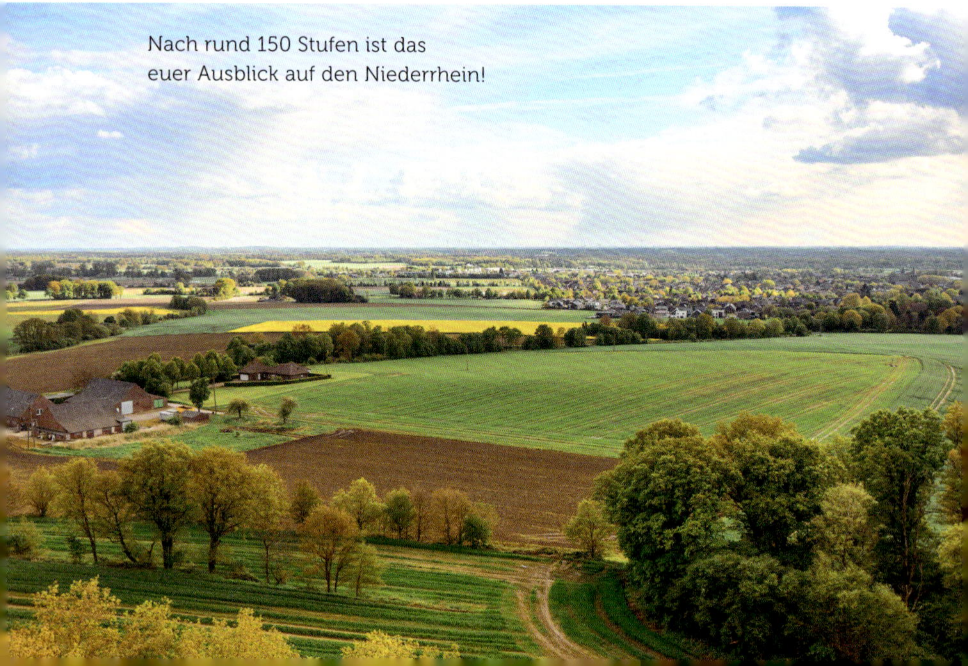

Nach rund 150 Stufen ist das euer Ausblick auf den Niederrhein!

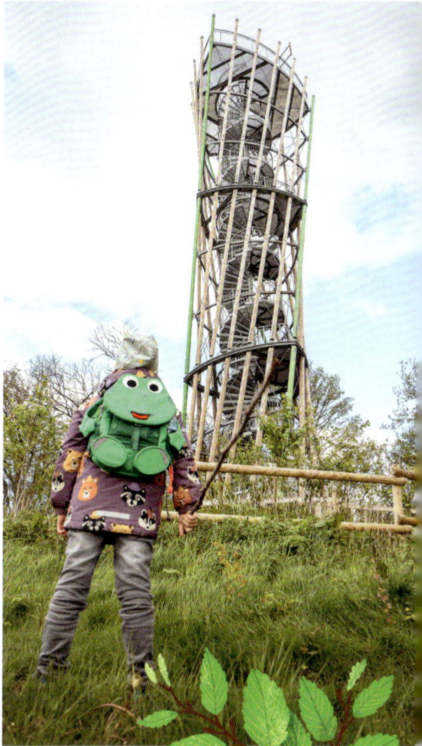

Ihr überquert die Xantener Straße und folgt der Beschilderung zum Aussichtsturm. Kurz vor dem Waldeingang steht die erste Interaktionstafel. Mit kurzen Texten und Beispielen versteht man sofort, warum das Klima hier in der Sonsbecker Schweiz so besonders ist. Erkenntnisreich geht es im Wald weiter. Ein Kreis aus Findlingen lädt zum Staunen und Klettern ein. Kleinere Steine aus der Mitte des Kreises lassen sich mit der Infotafel bestimmen. Der Aussichtsturm auf dem Dürsberg liegt genau auf der anderen Seite des Waldes. Von oben habt ihr ein einmaliges 360°-Panorama über den Niederrhein.

Zurück geht es über den gleichen Weg. Kurz nach dem Aussichtsturm zweigt ihr nach rechts in den Wald ab und könnt so noch weitere Informationstafel und Mitmachstationen entdecken. Auf dem Rückweg überquert ihr wieder die Xantener Straße und zweigt vor der Schranke nach links in den Wald ab. Hier geht es nun immer geradeaus und leicht bergan. Am Ende des Weges führt der Weg scharf links zuruck aus dem Wald. Noch einmal rechts und direkt wieder links und die letzten Meter geht es auf asphaltiertem Weg zum Wanderparkplatz. Wenn ihr euch den letzten Abschnitt durch den Wald sparen möchtet, geht ihr alternativ an der Xantener Straße zurück bis zum Parkplatz.

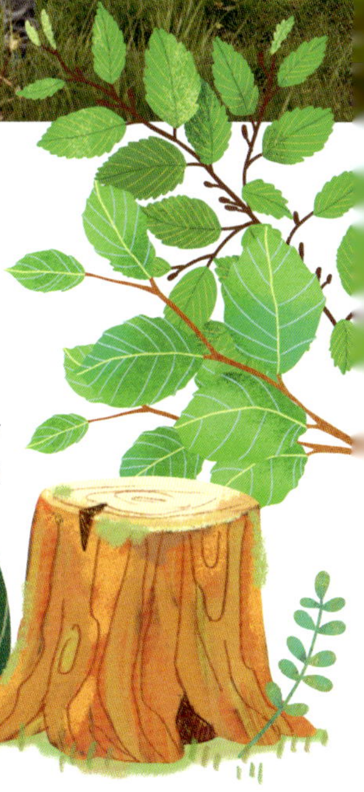

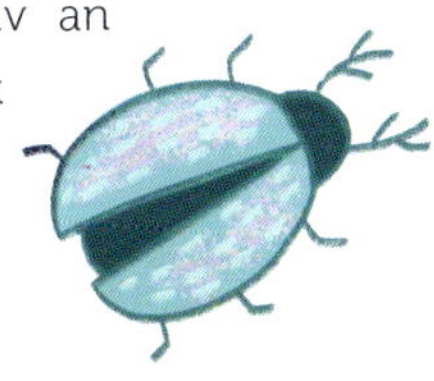

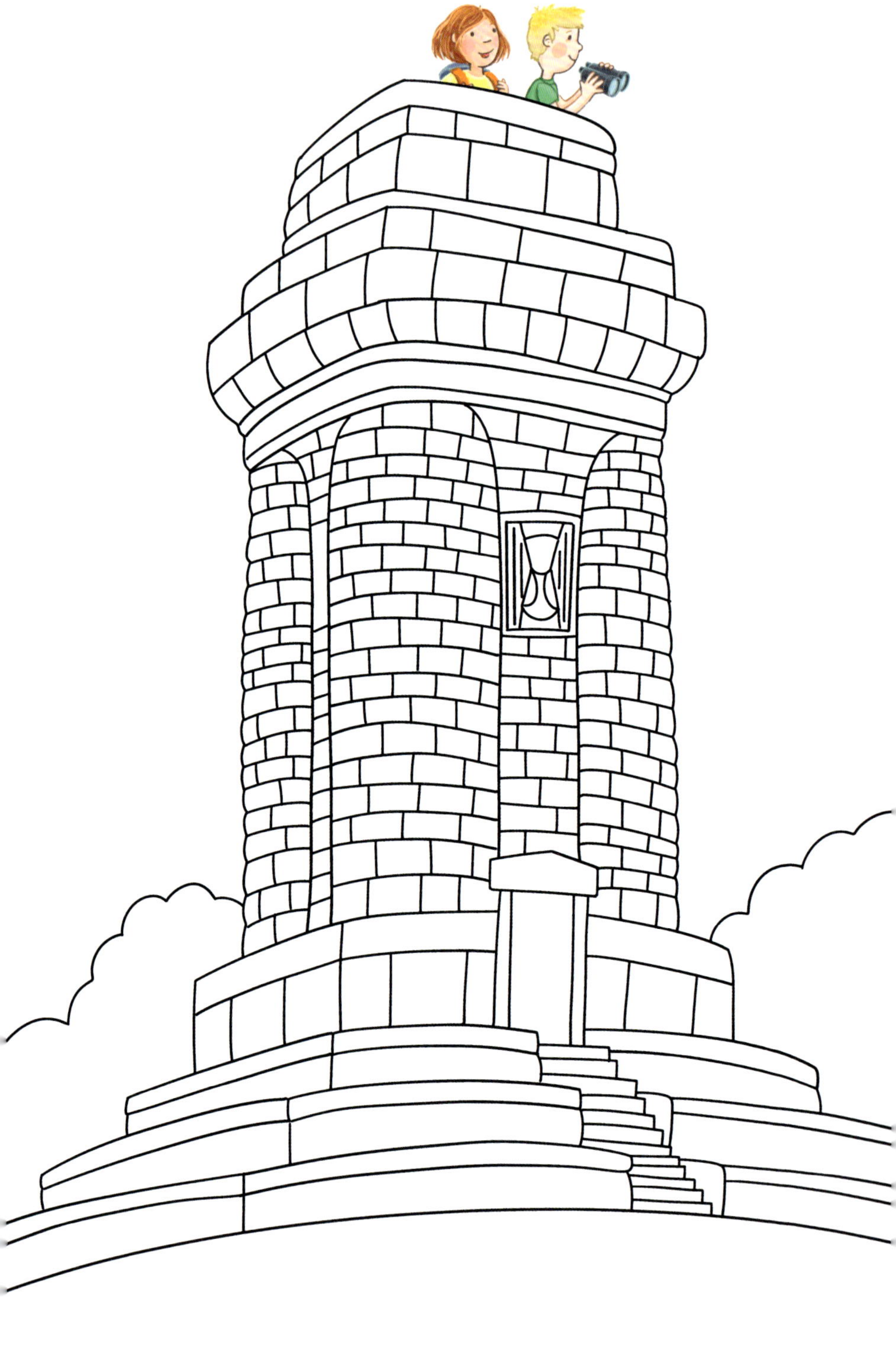

TURMERLEBNIS

Türme können ganz unterschiedlich aussehen: Es gibt gemauerte Türme, die man von innen besteigen kann, aber auch Aussichtstürme aus Stahl oder Holz. Besonders aufregend sind Türme, bei denen man durch die Stufen nach unten schauen kann … da braucht es ganz schön viel Mut.

Wer sich nicht auf den hohen Turm traut, kann stattdessen selbst zum Architekten werden! Sucht euch in der Umgebung Naturmaterialien wie Steine, Äste, Rinden und stapelt sie aufeinander. Wer von euch baut den höchsten Turm?

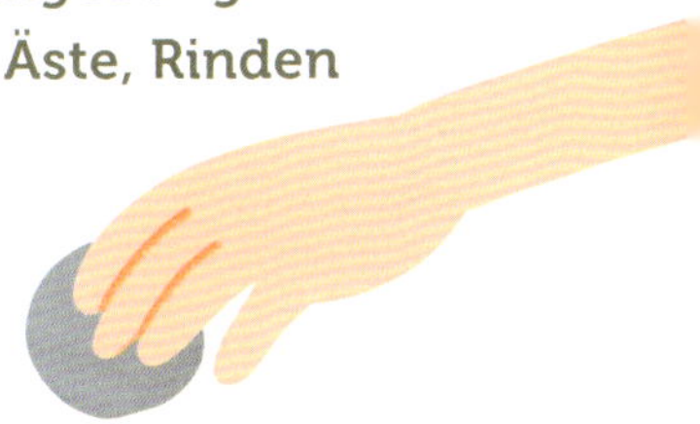

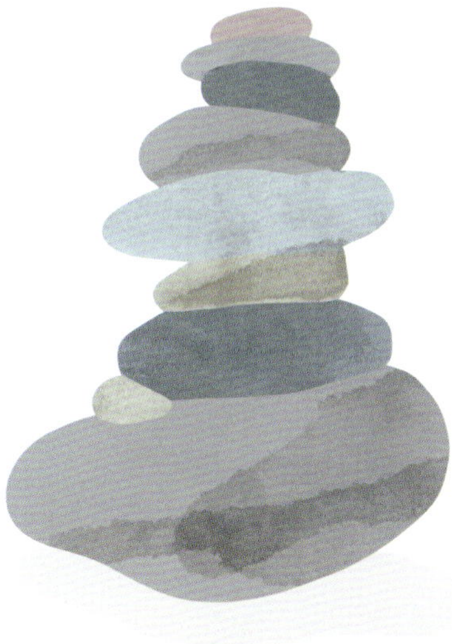

TOUR
10

Startpunkt

Zielpunkt

Parkplatz

Haltestelle

Spiel & Spaß

Burgen/
Schlösser/
Historische Orte

Aussichtspunkt

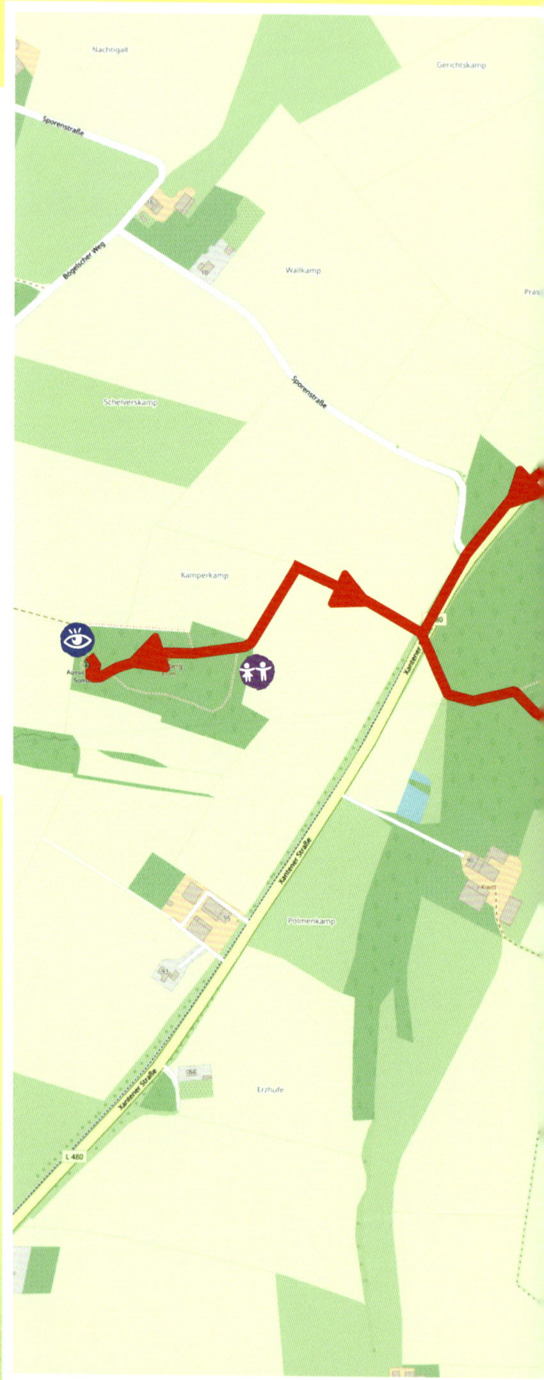

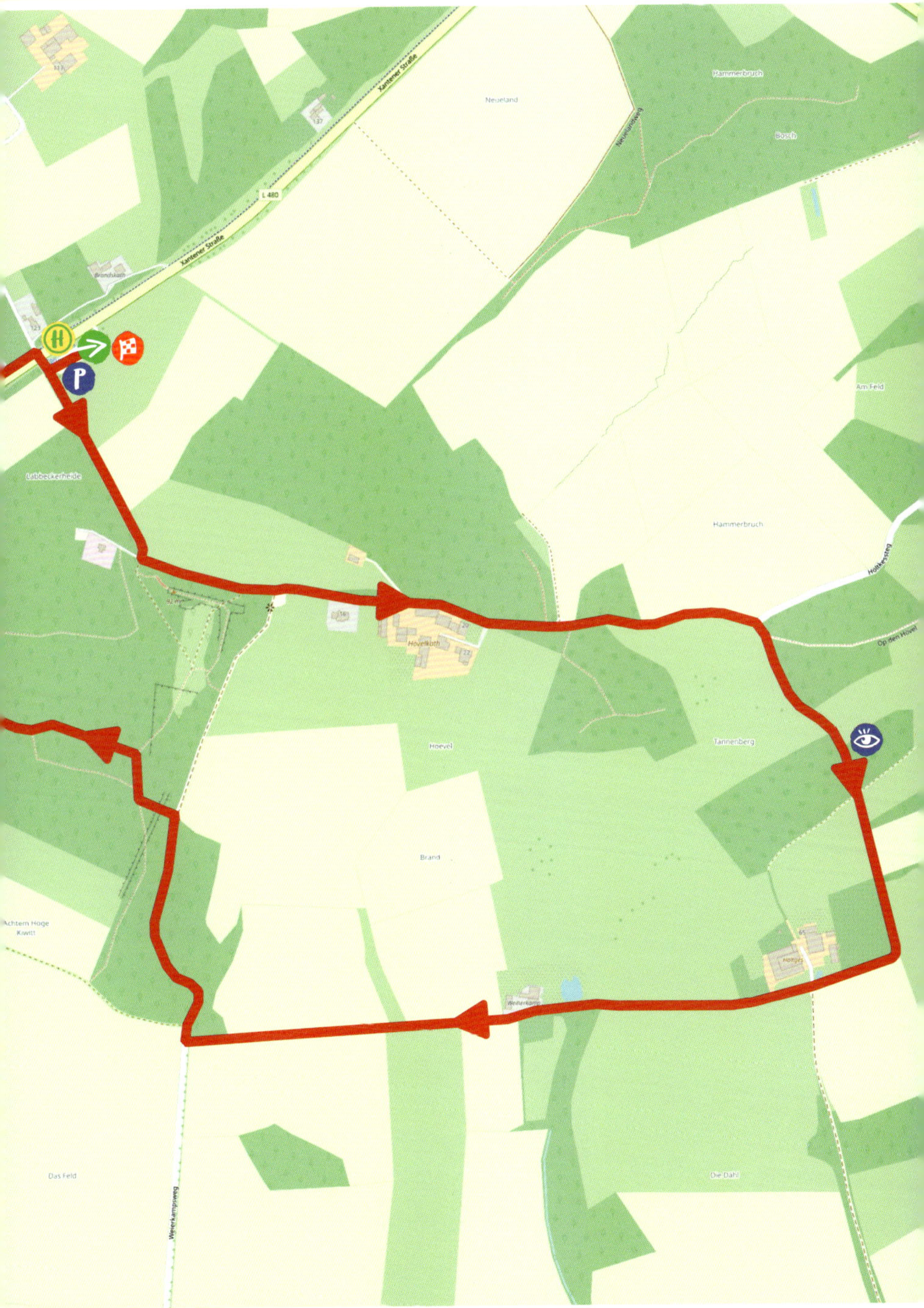
Xantener Straße
L 480
Neueland
Neuelandweg
Hammerbruch
Bosch
Am Feld
Labbeckerheide
Hammerbruch
Holtkessteg
Op den Hövel
Hovelkath
Hoevel
Tannenberg
Brand
Weierkamp
Das Feld
Die Dahl
Weierkampsweg

AUF DEN SPUREN DER HANSE

Von Kalkar nach Grieth am Rhein

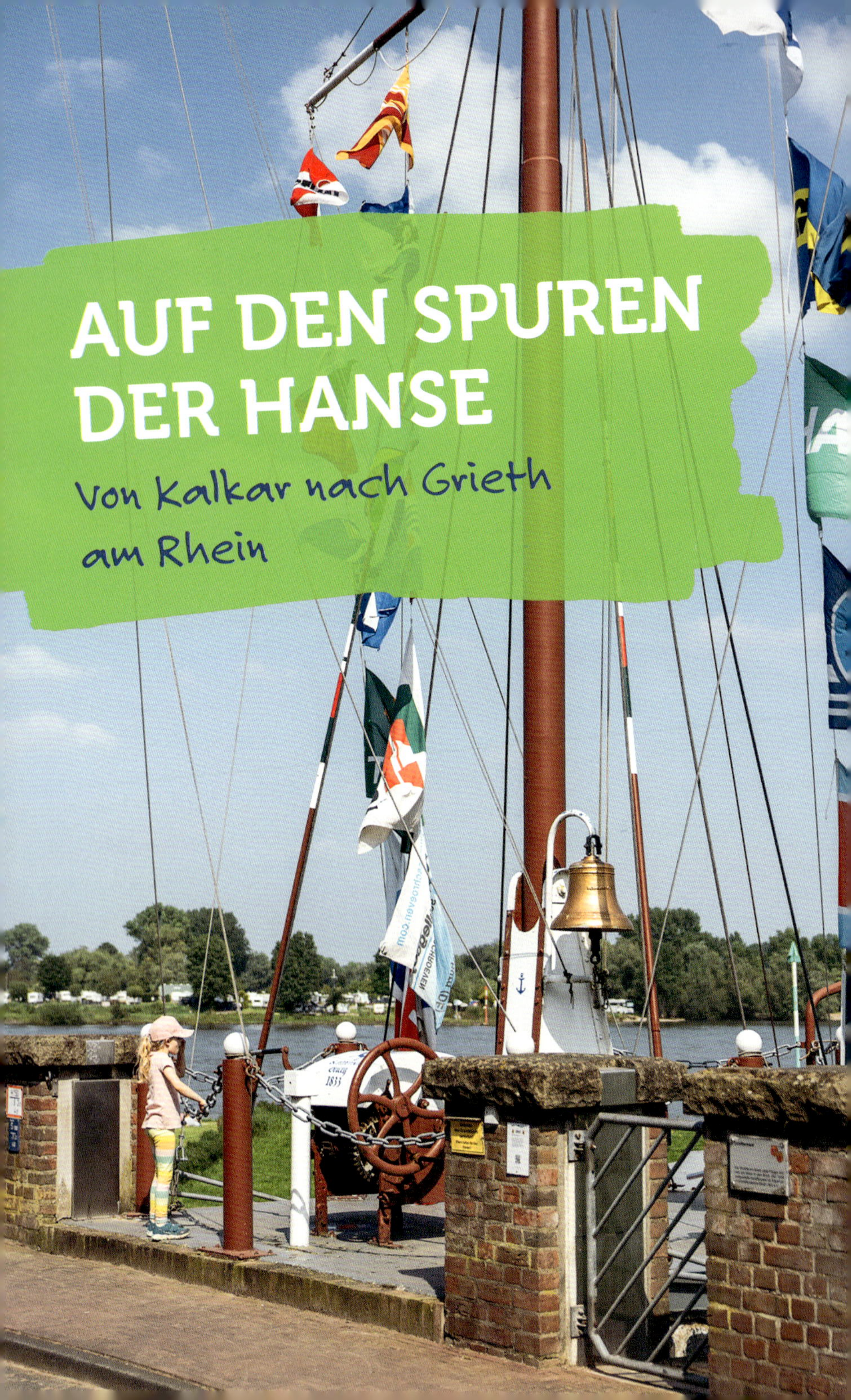

Gewandert am:

Das Wetter heute:

☐ ☐ ☐

Spaßfaktor: ☆☆☆☆☆

Eure nördlichste Wanderung am Niederrhein entführt euch in die glanzvolle Zeit der Hanse. Ihr erkundet Kalkar, eine der schönsten Städte am Niederrhein mit ihrem historischen Altstadtkern, erlebt fast schon Nordsee-Feeling zwischen Sanddünen und Seeblick und erreicht schließlich das beschauliche Grieth am Rhein, wo es direkt am Wasser immer viel zu entdecken gibt.

TOUR 11

ca. 4,5 Std. | ca. 10 km | 20m

Start/Ziel: Kalkar/Grieth am Rhein

Anreise mit ÖPNV: Bushaltestelle Kalkar Markt (Buslinie X27 und 44)

Anreise mit Pkw: Kostenfreie und zeitlich unbegrenzt nutzbare Parkplätze gibt es auf dem Parkplatz Josefsplatz und am Sportplatz in der Hanselaer Straße. Von dort erreicht ihr den Markplatz jeweils nach ca. 200 Metern. Sonntags könnt ihr auch die Parkplätze unmittelbar auf und um den Marktplatz herum ganztägig kostenfrei nutzen.

Wegbeschaffenheit: Kopfsteinpflaster, naturbelassene Wege und Asphalt

Wegbeschreibung: Schon beim ersten Blick auf den Marktplatz in Kalkar fühlt ihr euch in die Blütezeit der Hanse zurückversetzt: Schmucke Fassaden, die haushohe Gerichtslinde in der Mitte des Platzes, das prächtige Rathaus, charmante Backsteinbauten und die für Hansezeit typischen Staffelgiebeln zeigen den einstigen Wohlstand von Kalkar. Die Stadt gehörte seit Anfang des 15. Jahrhunderts zur Hanse. Das Bündnis bot den beteiligten Städten und Kaufleuten Schutz und ermöglichte Handelsprivilegien. Vor allem Getreide, Fisch und Tuchwaren wurden in Kalkar über den nahegelegenen Rhein gehandelt und vor Ort verarbeitet.

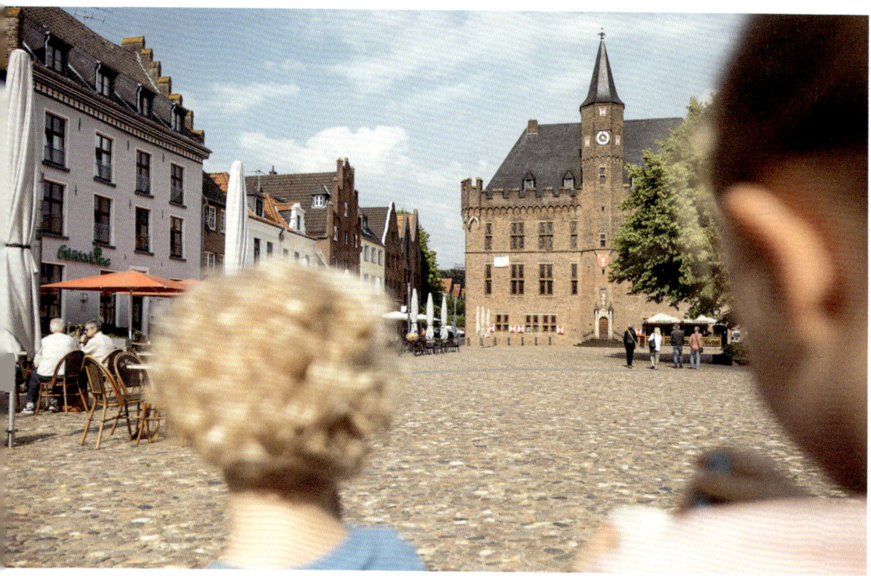

Der Marktplatz in Kalkar ist ein echtes Niederrhein-Highlight.

Links vorbei am Rathaus geht es über die Gasthausstege direkt bis zur Windmühle. Die höchste voll funktionsfähige Mühle am Niederrhein mahlt auch heute noch regelmäßig Getreide. Euer Weg führt euch links an der Mühle und dem Seniorenzentrum vorbei und dann wieder links in den Dominikanerbongert.

Auf dem Gelände des ehemaligen Klosters wurde eine Streuobstwiese angelegt, die im Frühling und Sommer auch von Schafen beweidet wird. Ihr zweigt nach rechts in die Grubenstraße ab und folgt dem Weg über den Gerd-Jansen-Platz bis zu Kreuzung nach Op de Wacht. Hier folgt ihr dem Schild in Richtung Wissel, vorbei an der alten Krautstauanlage über den Leybach und weiter über den von Kopfweiden flankierten Pfad. Rund 2,5 Kilometer lang wandert ihr immer geradeaus durch typisch niederrheinische Natur und genießt die Abwechslung von Weitblick und schmalen Pfaden durch ein keines Wäldchen. An der Straße „Zum Wisseler See" biegt ihr rechts und gleich wieder links ab in Richtung Wasser. Kurz vor dem Seeufer folgt ihr dem Weg nach rechts durch den Wald entlang, aus dem ihr immer wieder Blicke aufs Wasser erhaschen könnt. Der Wisseler See ist einst durch Kiesabbau entstanden und genießt heute den Ruf als einer der besten Badeseen der Region. Ihr folgt an der nächsten Kreuzung der Mühlenstraße für ca. 400 Meter

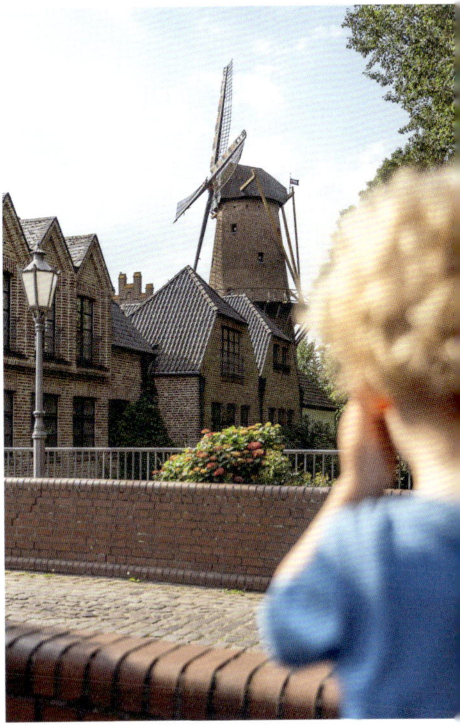

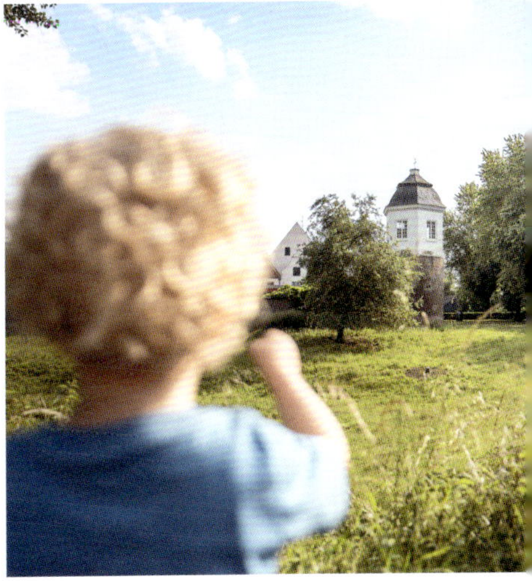

Der Taubenturm am Ortsrand von Kalkar

und wandert dann nach rechts, immer nah am Wasser entlang bis ihr direkt zu den Wisseler Dünen gelangt.

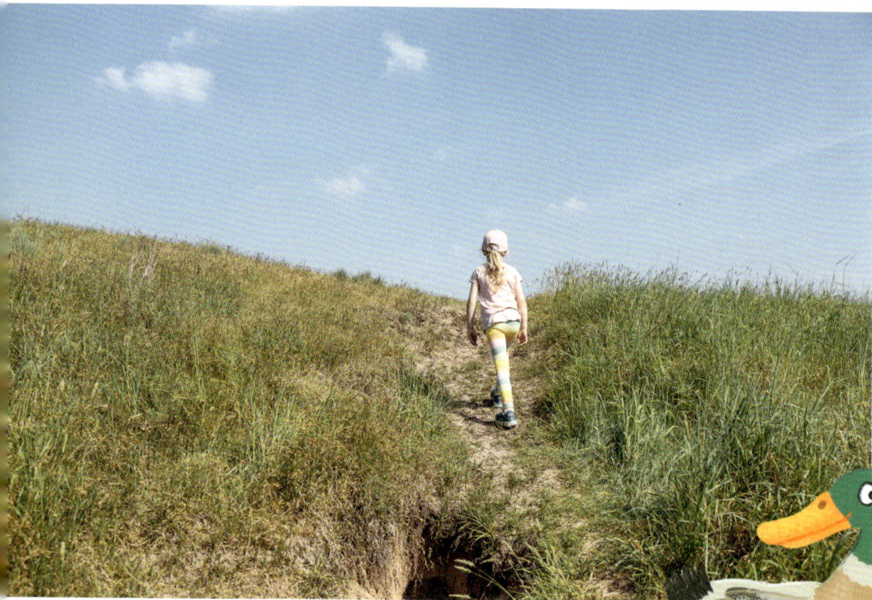

Ein echtes Niederrhein-Unikat: die Wisseler Dünen

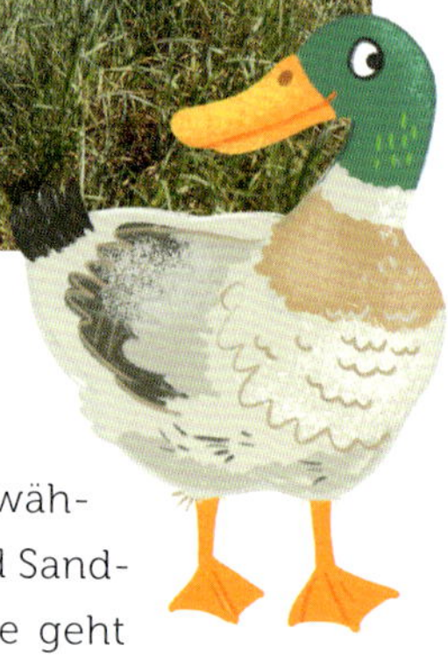

Die einzigartige Binnendünenlandschaft ist während der letzten Eiszeit durch Winderosion und Sandablagerungen entstanden. Über sandige Pfade geht es leicht bergauf bergab bis ins Dünendorf Wissel. Über den Michelsdick folgt ihr dem Weg zur Dorfstraße. Dort geht es nun für ca. 1,3 Kilometer auf dem Fußgänger- und Radweg direkt an der Straße Richtung Grieth am Rhein entlang. Kurz hinter der Einmündung ins Griether Feld zweigt ihr scharf rechts in Richtung Radfahrweg nach Wissel ab und orientiert euch immer links am Feld entlang bis zur Griether Straße. Nun müsst ihr nur noch den Schuldamm überqueren und erblickt schon das beschauliche Grieth am Rhein.

Info

Genau wie Kalkar trat auch Grieth im 15. Jahrhundert der Hanse bei und lebte vor allem viele Jahre von der Fischerei. Das Herzstück des knapp 900-Einwohner-Ortes ist bis heute der pittoreske Marktplatz mit dem Hanselädchen. Neben Frühstück, Kaffee, Kuchen und wechselnden Gerichten je nach Jahreszeit ist das Hanselädchen vor allem ein Ort des Austauschs unter den Griethern geworden.

Griether Hanselädchen, Griether Markt 28, 47546 Kalkar-Grieth, mehr Informationen unter www.griether-hanselädchen.de

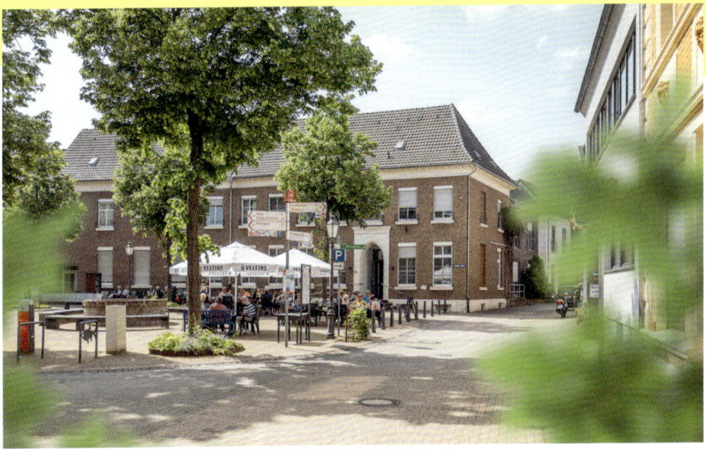

Über die Rheintorstraße gelangt ihr zum Schiffermast an der Deichmauer und seht zum ersten Mal auf dieser Tour den Rhein. Beim Spazieren durch Grieths Gassen entdeckt ihr überall Spuren der Hanse, z. B. alte Manufakturen wie die „Bändermacherei" oder das alte Schifferhaus mit der markanten grünen Tür in der Rheintorstraße. Von der Haltestelle Kalkar Grieth auf dem Stadtwall geht es mit der Buslinie 48 ca. alle halbe Stunde zurück nach Kalkar Markt.

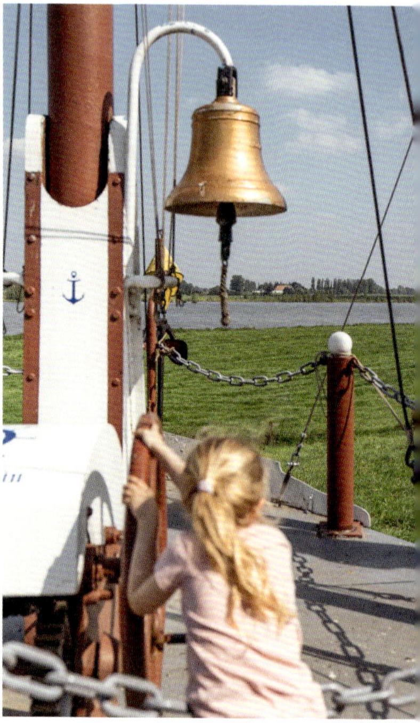

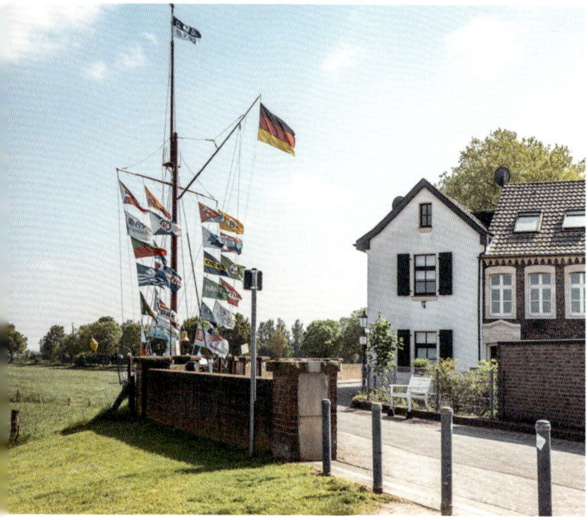

Der farbenfrohe Schiffermast ist ein Griether Wahrzeichen.

Abstecher

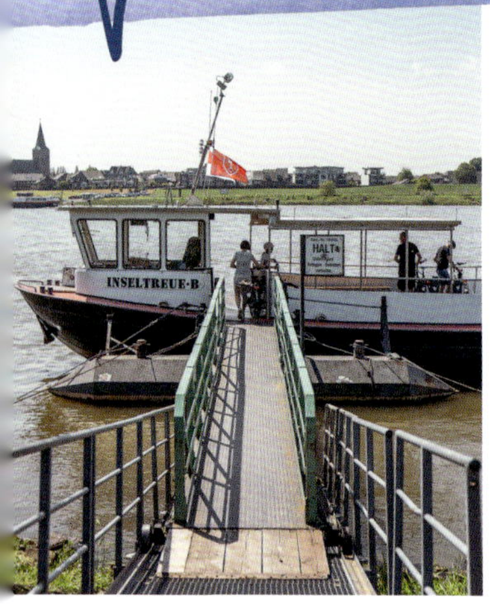

Zwischen Ende März und Ende Oktober pendelt die Inseltreue B hauptsächlich am Wochenende zwischen Grieth und Grietherort hin und her. Der Verlauf des Rheins zwischen den beiden Orten hat sich aufgrund natürlicher Erosion und Hochwasserereignisse immer wieder geändert. Die Überfahrt dauert nur wenige Minuten, ist für Kinder aber immer ein großes Erlebnis. Mehr Informationen und die Fährtage findet ihr unter www.niederrheinfaehre.de

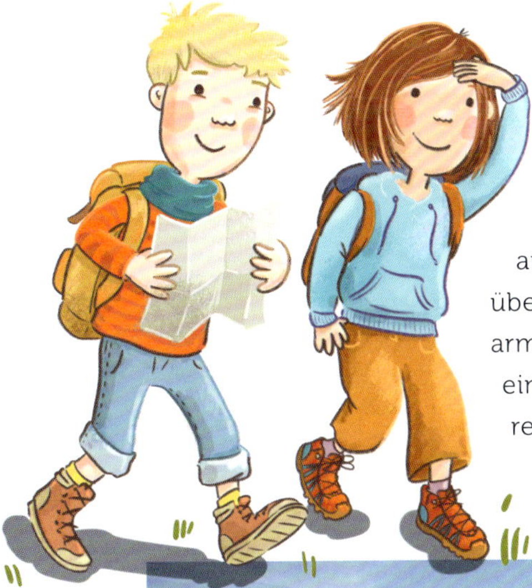

Auf der anderen Rheinseite könntet ihr noch stundenlang durch die Rheinauen spazieren. Bis Grietherort führt der Weg ca. 1 Kilometer auf der Straße entlang und ihr überquert dabei einen Altrheinarm. Natürlich könnt ihr auch einfach nur hin und zurück fahren oder direkt am Ufer auf der anderen Seite im Inselgasthof Nass einkehren.

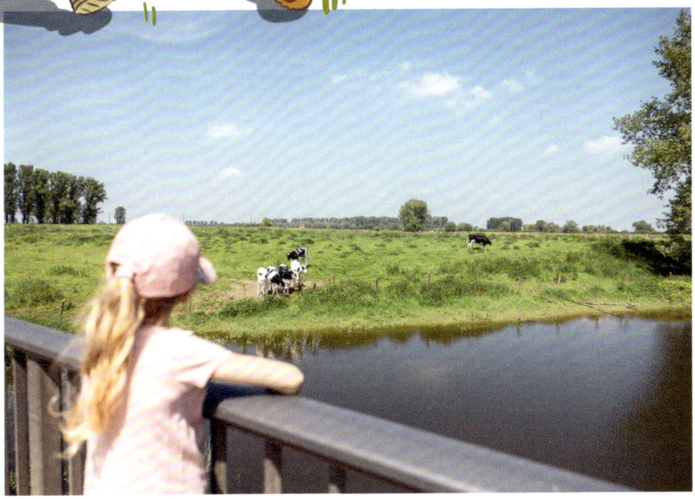

Tipp

Inselgasthof Nass, Grietherort 1, 46459 Rees,
mehr Informationen unter www.inselgasthof-nass.de

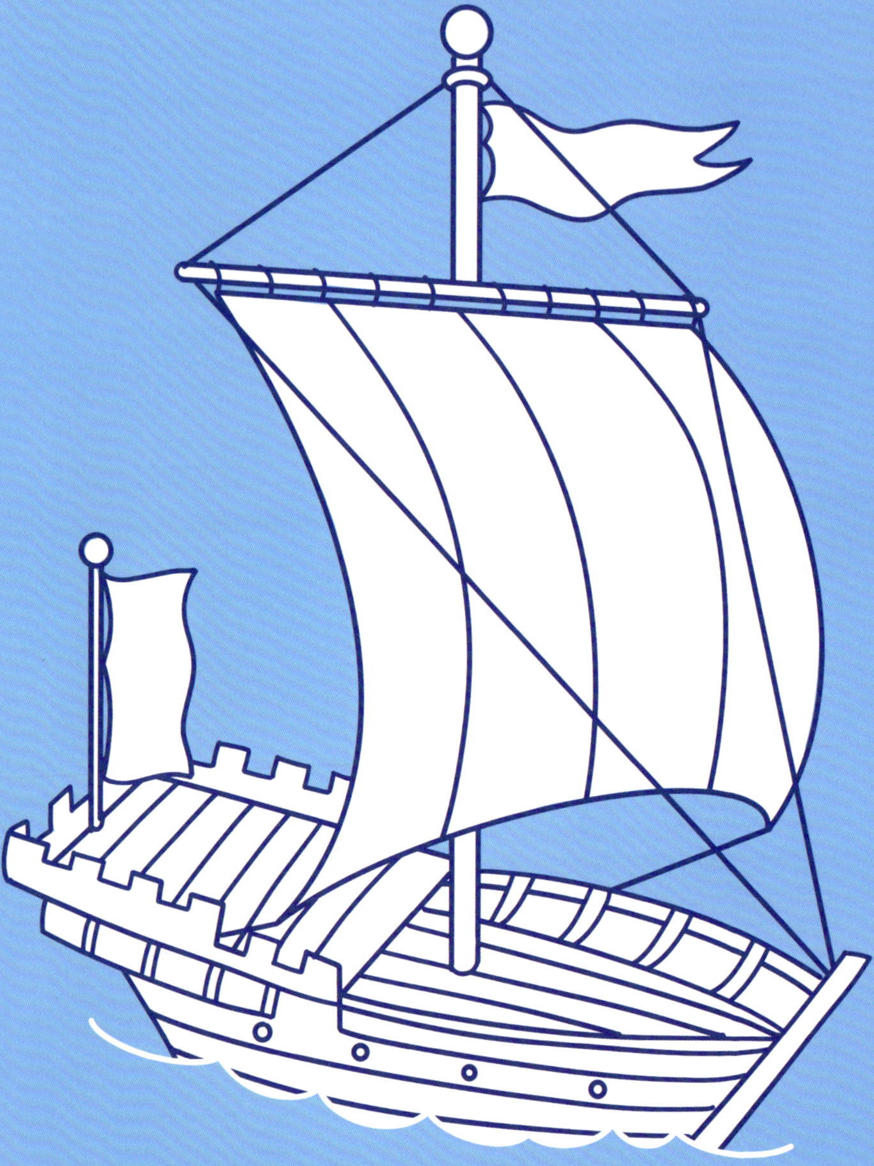

Eine **KOGGE** ist ein Segelschiff, das in der Hanse vor allem für den Handel und Transport von Waren diente.

HANSERÄTSEL

Kennt ihr die beschriebenen Städte?

1) Hierher seid ihr heute gewandert.
2) Aus dieser Hansestadt kommen musizierende Tiere: Esel, Hund, Katze und Hahn.
3) Hier gibt es den größten Binnenhafen.
4) Diese Hansestadt ist bekannt für ihr leckeres Marzipan.
5) Hier gibt es einen Dom und ein Schokoladenmuseum.

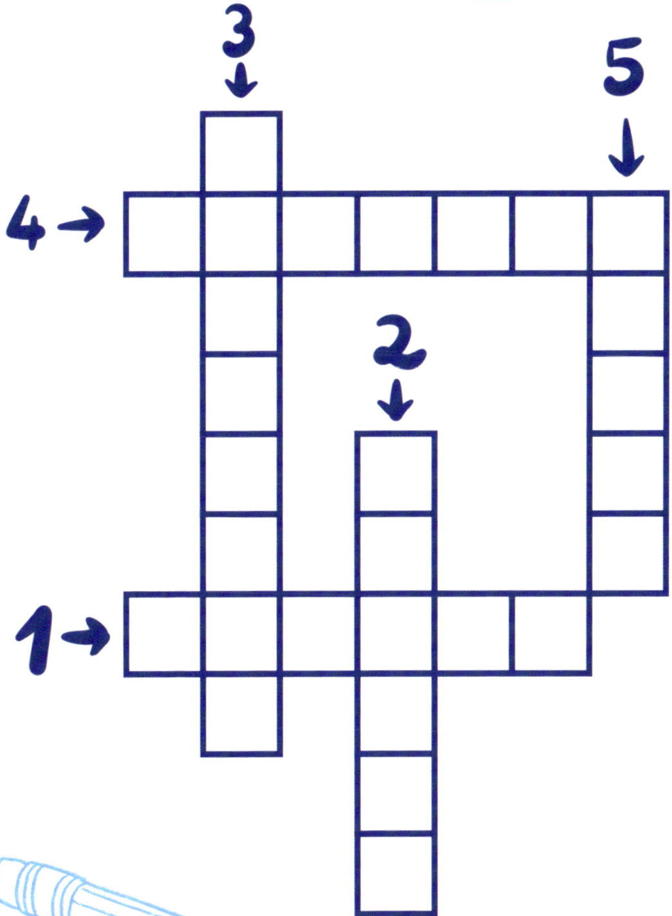

TOUR
11

Startpunkt

Zielpunkt

Parkplatz

Haltestelle

Spiel & Spaß

Gastronomie

Burgen/
Schlösser/
Historische Orte

Aussichtspunkt

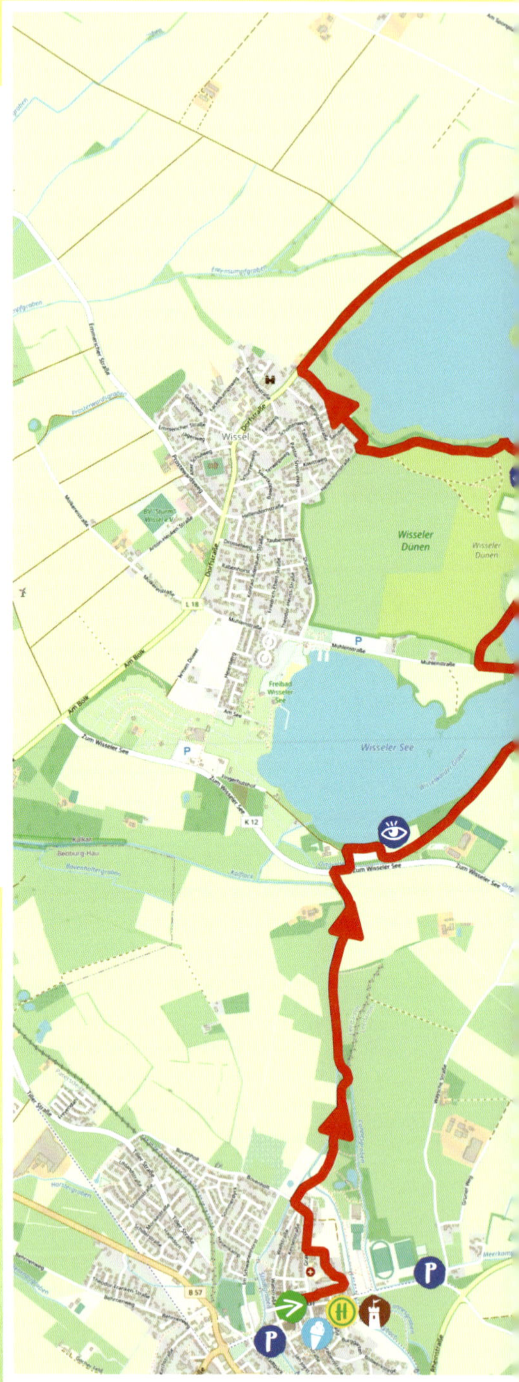

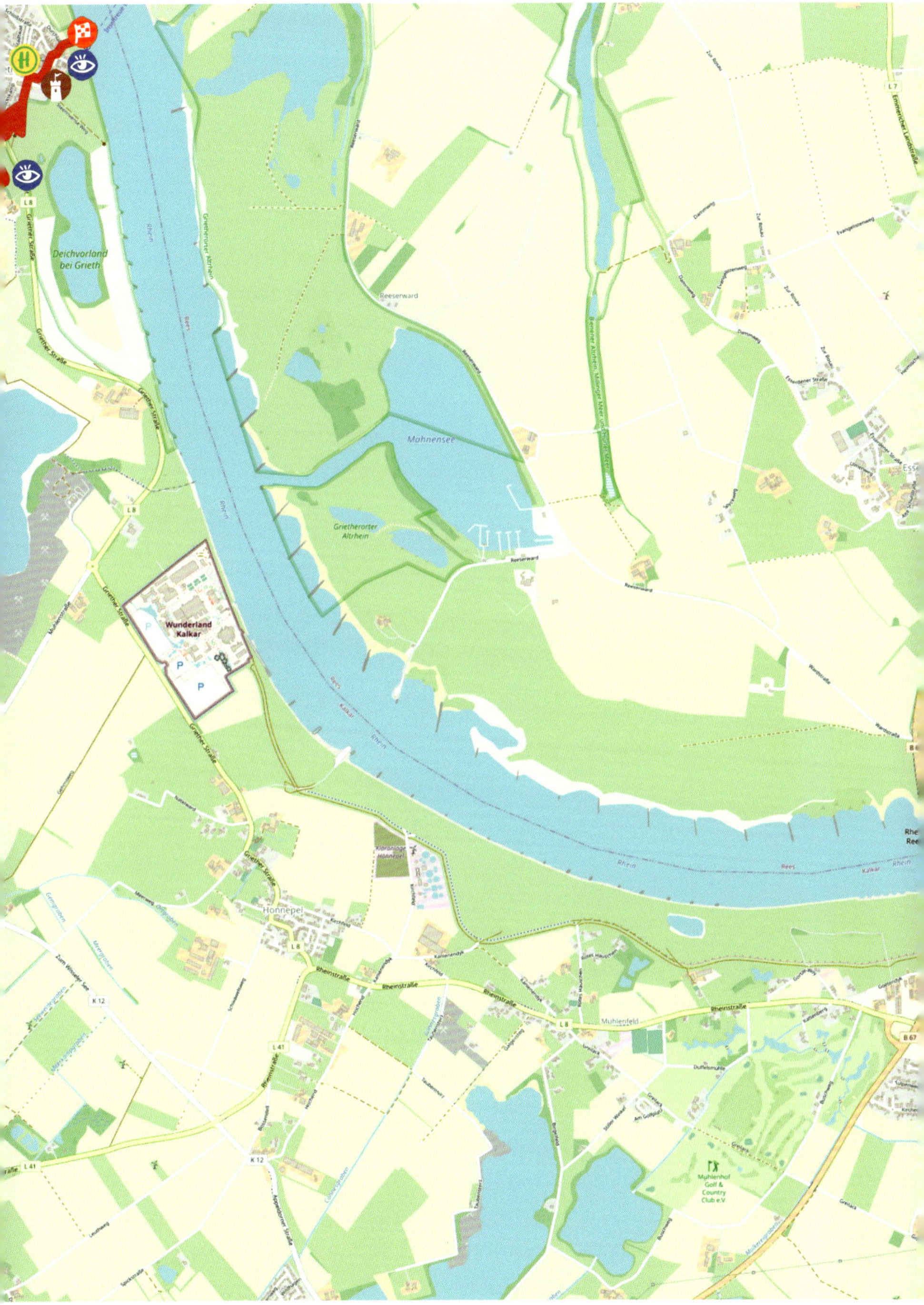
Deichvorland
bei Grieth
Rhein
Rees
Kalkar
Grietherorter Altrhein
Reeserward
Mahnensee
Grietherorter
Altrhein
Wunderland
Kalkar
Griether Straße
Honnepel
Rheinstraße
Mühlenfeld
Mühlenhof
Golf &
Country
Club e.V.
L 8
L 41
K 12
L 7
B 67

PRAKTISCHE HINWEISE

Die Wanderungen in diesem Buch sind alle für euch erstellt und erwandert worden, die Kartenausschnitte sind so detailliert, dass man in den meisten Fällen gut ohne die GPX-Daten wandern kann. Da die vorgestellten Wege in die Natur führen, sind sie der Witterung und damit der Veränderung ausgesetzt. Solltet ihr beim Wandern feststellen, dass irgendwo unüberwindbare Hindernisse entstanden sind oder dass sich die Wegführung geändert hat, dann freuen sich Autorin und Verlag über eine entsprechende Nachricht. Alle Zeitangaben beziehen sich auf die reine Gehzeit, mit Kindern solltet ihr auf jeden Fall etwas mehr Zeit für Spiel und Spaß am Wegesrand einplanen – und für die eine oder andere Pause.

Die GPX-Daten zu den Touren sind auf der Internetseite des Verlages hinterlegt.

AUSSCHLUSSFORMEL

Alle Informationen und Angaben zu Adressen wurden vom Verlag und der Autorin nach bestem Wissen und Gewissen zusammengestellt. Zum Zeitpunkt der Recherche waren sie korrekt, eventuell kann es nach Erscheinen zu Änderungen kommen. Für die Richtigkeit der Angaben in diesem Buch kann keine Haftung übernommen werden. Dies gilt auch für eventuelle Abweichungen bei den GPX-Daten. Für die Webseiten Dritter, die in diesem Werk genannt werden, übernehmen weder Verlag noch Autorin Haftung.